ちくま文庫

談志 最後の落語論

立川談志

筑摩書房

目次

第三章　〝それ〟を落語家が捨てるのか

第四章　そして、三語楼へとたどりつく

第五章　芸は、客のために演るものなのか

談志　最後の落語論

まえがき

「落語とは、人間の業《ごう》の肯定である」と、二十五年前に書いた。人間というものの業、それは知性でも理性でもどうにもならないもの、世間では〝よくない〟といわれているもの。それらを肯定し、寄席《よせ》という空間で演じられてきたのが落語である。

で、その落語がガキの頃から好きで、柳家小《やなぎやこ》さんの弟子となり、寄席の世界を垣間《かいま》見てきた立川談志。若いころから乱暴で、政治の世界にも足を突っ込み、罵詈《ばり》雑言《ぞうごん》を平気で口にし、世間から疎《うと》んじられてきた。けど、この気狂《きちが》い、いい塩梅《あんばい》に落語の傘《かさ》の下に逃げ込み、結果、売れた。

釈迦《しやか》に説法《せつぽう》だが、一応説明しておく。

世の中にはルールがある。毎度いうように、そのルール通りに人間を育てないと世の中が滅茶苦茶《めちゃくちゃ》になってしまうから、家庭で躾《しつ》け、学校にあげ、立派な社会人、立派な家庭人になるように育てる。

生物的には、その本能として子どもを育てるだけでいいのだが、やはり人間、他の動物とは違う。雪を見て愛《め》でたり、朝顔を買ってきたり、博打《ばくち》をやってみたり……等々、空白の時間を、死ぬまでの時間を潰《つぶ》している。

芸術やらスポーツやら、そこに何かを懸《か》けている人たちもいる。けど、所詮《しょせん》、それらは死ぬまでの時間潰しであることに違いはない。イチローであろうが、タイガー・ウッズであろうが、立川談志であろうがネ。

けど、「そこに何かを残すってことが、せい〴〵我々に与えられた自己満足だろう」と西部邁《にしべすすむ》さんは言っていたが、そういう意味においては、落語を論理づけて渡してきたつもりである。

二十代で『現代落語論』を書き、その二十年後、四十代でそのパート2である『あなたも落語家になれる』を書いた。そして現在《いま》、立川談志、七十三歳。我ながら驚く。〝驚く〟とは「七十三歳」という年齢である。この二、三年、一気に老いた。若い時分、文楽《ぶんらく》師匠、志《し》ん生《しよう》師匠等、横から見ていて、いったい何歳《いくつ》なのか判《わか》らなかった。現在の私と同じくらいだったのか……。

落語に対する能書きを本にするのは最後になるかもしれない。書けるところまで書いてみるとする。

立川談志《たてかわだんし》

*章末の注は編集部によるものです。

第一章

落語、この素晴らしきもの

人間の「業」とは何か

「落語とは何だ」というごくありふれた質問に、落語を取り巻くファン、評論家、それらを含めて答えを語った人はいなかった。

で、この立川談志は言ったっけ。何でも言うね、こいつは……。

「落語とは、人間の業《ごう》の肯定である」と。

談志四十九歳、『現代落語論』のパート2である『あなたも落語家になれる』という本にその言葉を書いた。今思うと、随分昔のことだし、さほどの分解があって言ったものでもなく、何となくそんな気がしただけである。

しかし、当たっていたのだ。勿論《もちろん》、論理的には曖昧《あいまい》だが、〝中《あた》らずといえども遠からず〟である。

じゃあ、その「業」とは何じゃいな、ということだ。

で、その業を持った人間とは、これまた何なのか。

「人間は万物《ばんぶつ》の霊長《れいちょう》」と昔は言った。私もそう聞かされ育ってきた。つまり「〝人間〟は他の動物とは違うのである」、もっと言やァ「偉いんだ」というこっちゃ。

確かに、他の動物と違って、種々《いろいろ》考えるし、それも実行してきて今日の姿がある。だが逆に言やァ、それをしないと生きられない〝代物《しろもの》〟なのだ。

早い話、何もしないと死んでしまう。自然に適応できない。どうしたら生きられるのか、とくる。で、これらの延長に「文明」というものが生まれた。

その文明がまた、人間生きられるだけで充分なのに、次から次へと考え、創《つく》り、人間を楽に〳〵しようとし、それを創った人間を「英雄」「偉人」と褒《ほ》め称《たた》えた。早い話ノーベルであり、エジソンである。

つまり現代における「偉人」は、より速く、より多くという世の欲求を満足させた人間が主《しゅ》となる。で、その結果が現代の文明なのだ。

「文明」とは、その時代々々の最先端であり、より速く、より多くを求めるもので、それに取り残されたモノに光を当てたものを「文化」と称《い》う。文明は、文化を守る義務がある。

それはさておき、では、人間はなぜこんなことをするのか。いや、したのか。これが私には判《わか》らない。

どっかで止められなかったものなのか。アメリカ先住民は止めている、アフリカの奥地でも止めているところがあるだろう。イヌイットもそうだろう。〝止めている《い》〟種族や国民は、まだ〳〵多くいる。それを「非文明国」「開発途上国」などと呼っているが、生物なんてものは、人間であろうが何であろうが、相手を見つけて子どもをこしらえて育てる。これが生物の宿命、というか、第一のことであって、あとのことは、はっきり言えば〝要《い》らない〟。

要らないけれども、人間、放《ほ》っておきゃ死んじまうから、火を守り、水を治め、料理をこしらえ、そして、その他諸々《もろもろ》の余計なものを作った。早い話、便利な品物を創作したのが、現代で称《い》う「金持ち」「成功者」である。

〝文明によって人間は豊かになったろうに〟は、落語家立川談志には通じない。勿論、楽ンなった。この世に生まれたよさもあるし、満足している。けど、疑問もある。つまり嘘《うそ》っぽいのだ。それは、落語を生業《なりわい》とした故《ゆえ》もあろうが、歳《とし》と共に強くなる。

私が老いてしまったからか。携帯電話一つ自由にならない俺様が悪いのか。いや、そうではない。

戦争が終わって十三〜十四歳だったか。その昭和の時代を、俺様にとっての〝いちばんいい時代〟を生き、楽しんで死ねそうな気がする。つまり、私は幸せである。

おっと、話が変なほうに行ってしまった。

え？　何？　業とは何か？

すぐ、いろ〳〵なところに行っちゃうんですよ、始末が悪いんですよ。

業の話に戻る。人間の業とは何か。

人間、唯《ただ》ァ生きられりゃそれでいいものを、四十年生きなければならなかった、五十年生きなければならなかった、まして現代のように、八十だ、九十だということになると、そのあいだの退屈を紛《まぎ》らわせるために余計なことをしようとする。つまり「好奇心」。この始末が悪いものを談志《わたし》は「業」と称《い》っている、ということ。

〝一所懸命に人間を楽にするモノを創ろう〟とやってきた奴《やつ》も業だし、〝どうやって人殺しをしよう〟と考え、実行してきた人間も、これまた業である。

で、落語は、それらをひっくるめて認めちまえ、というこった。

落語は「非常識」を肯定する

現在《いま》の談志《わたし》が別の言葉を使って表現すれば、「落語とは、非常識の肯定である」となる。

「非常識」は、「常識」に対してあるものだ。「常識」はもとからあるものではなく、人間が作ってきたものだ。作らなければ、どうにもならないのが人間だろう。

つまり、子供は自分ではオールマイティーだと思っているが、この社会で生きるためにはオールマイティーではないから、親が手助けをする。親にしてみれば、つねに手助けできるわけではないから、子供が自分で生活できるように徐々にいろ〳〵なことを教えていく。これが「常識」だ。

呼吸とか、鼓動とか、眠くなれば眠るとか、腹が減ったら食うとか、それら以外のものは、教育で是正《ぜせい》していく。なぜそんなことをするのかといえば、他と共存するためだ。

で、他と共存するために「常識」を作ったが、その常識というものは、大変に狭いものであって、それらのなかで暮らそうとすると、不快な部分が出てくる。

よく考えてみれば親の勝手な言い草で、〝親孝行をしろ〟と言ったって、そうはいかない。あるいは、〝兄弟仲よく〟とか、〝友達と仲よく〟と言うが、放《ほ》っときゃ仲が悪いから、そう言うわけだ。元来、「常識」を守るのは、所詮《しょせん》無理なのだ。

無理な「常識」を守ろうとするのが人間であり、それをしなければ「非常識」ということになる。それを世間は、許す場合もあれば、許さない場合もある。非道《ひど》い場合は犯罪ということになる。

非常識を肯定しているのがスポーツと芸能である。

〝いくら殴っても構わない〟〝投げても構わない〟〝当てても構わない〟〝倒しても構わない〟〝蹴《け》っても構わない〟という部分をこしらえてやったのがスポーツで、〝殺しても構わない〟〝親不孝しても構わない〟〝吉原《よしわら》で放蕩《ほうとう》しても構わない〟という部分をこしらえてやったのが芸能だ。

で、落語の根底にあるのが、常識に対する非常識で、それを「業《ごう》の肯定」という言い方をしたのが、若き頃の談志であった。

話は違うが、ふと思い出した。落語に『二十四孝《にじゅうしこう》』がある。親孝行の噺《はなし》である。中国の「二十四孝」を井原西鶴《いはらさいかく》が『本朝二十不孝《ほんちょうにじゅうふこう》』にして、親不孝者を描いた。落語でも、『二十四孝』と言いながら、親不孝者を描いている。これを中国人が聴いて、呆《あき》れ返って引っくり返って屁《へ》が止まらなかった、と何かに書いてあったっけ。

落語『二十四孝』の落《さ》げは、こうだ。

「どうでえおっ嬶《か》ァ、俺がまじないをしたから、昨夜《ゆんべ》、蚊が一匹も出なかったろう」

「何言ってやんだい。私が朝まで扇《あお》いでたんだ」

これ、落語の中でも最高の落げだ。親不孝、逆転、ありとあらゆることを含めて。

つまり、最高の「非常識」と言っていいだろう。

一方で、常識的なものが主になった落語がある。〝親子はやっぱり、一緒がいいね〟という『子別《こわか》れ』であるとか、または、〝主人と番頭の関係はこうでなくては〟という『百年目《ひゃくねんめ》』であるとか。それらを「人情噺《にんじょうばなし》」と称している。そして、人情噺のうまい落語家が「名人」ということになっていて、例えば円生《えんしょう》［＊1］である。

これに対して、「親不孝」、つまり「非常識」を主に語って笑いにしているのが「滑《こっ》稽噺《けいばなし》」であり、それが上手《うま》かったのが志《し》ん生《しょう》［＊2］であった。曰《いわ》ク『氏子中《うじこじゅう》』『義眼《ぎがん》』『鮑《あわび》のし』『火焔太鼓《かえんだいこ》』等々、いくらもある。

　だが、人情噺ができないと「名人」と言われない時代が長かったから、志ん生も人情噺を演《や》るが、結果は惨《さん》たるものであった。

　勿論《もちろん》、人情噺でも、部分的には「非常識」が含まれているから、志ん生はその部分を広げて人情噺を演る。本人にすれば、〝どうでえ〟というところだろうが、ズバッと言やァ、聴いちゃいられなかった。

　こういう言い方はどうだろう。

　志ん生が普通の調子で落語を喋《しゃべ》った場合、その対象が「名人芸」と称する落語だと、つまらない。そのかわり、なんだかわけの判《わか》らない落語を、志ん生が喋っていると可《お》笑《か》しい。これ、いったい何なんだろう。

　志ん生がわざと作っているのか。つまり、元来、真面目な志ん生が、あえて逆の面白いものを人情噺に入れているのか。だとすれば、それは当然、聴いているほうが〝面白くない〟と感じるのは当たり前だ。

「常識人のユーモア」とはケタが違う

「常識」の世界にもユーモアはある。だが、落語家の中から生まれてきた気狂《きちが》いの

「非常識」にゃ敵《かな》わない。常識人が常識に疲れて口にするユーモア、ウイット等々とは、ケタが違うのだ。

一時のソビエトをはじめとする東欧や現在《いま》の北朝鮮では、正面きっての「反常識」は許されない。そこで「困った言動」がユーモア、ウイットとなり、人から人へと語られ、人々をその世界の「常識」という名の「無理」から解放する。そのいい例が、一時のロシアンジョークである。

家元は数限りなくそれらを喋《しやべ》れる。その種の本も出している。つまり、こんな具合だ。

自由にものを言えず、いや、そうさせられていた東欧諸国、そのうちのひとつポーランドのジョークに、

「ポーランドでも、アメリカと同様、言論の自由はあり、何でも言える。しかしアメリカと違うところは、アメリカには言論の自由を実行したあとの自由がある」

それらこれらの作品を生む要素、つまり、人間が生きていくための「常識」という

名の「無理」が人間社会には山ほどあり、あるときは世事《せじ》一般のルールの中に、または体制、親子の関係、ありとあらゆる場所、場面、心の中にしのびこんでいる。

で、文化が生じ、文明が走りだすと、「常識」に押さえつけられて潜《ひそ》んでいたものが片《かた》っ端《ぱし》から表に出てくる。当然、それらは裏の存在であり、公言を憚《はばか》られるが、そのうち〝ナーニ、それがどうした〟と、大っぴらになってくる。

それらを背景に、落語というものが生まれてきたのだ。

「常識」という重石《おもし》を撥《は》ね除《の》けて出てきた「非常識」を肯定した落語が、人々に歓迎されないわけはない。まして、それに歴史が加わり、名人上手《めいじんじょうず》が己《おのれ》の人生、自我、業《ごう》等々を放り込んで完成させてきた古典落語が物凄《ものすご》い内容を持っているのも当たり前。

噺家《はなしか》はバカでも、そこで出来上がってきた作品を演《や》りゃ受けるはず。

ま、その歴史の中には名人上手がいたから、〝あれはいいが、あれはダメ〟、下手《へた》の、マズイの、という基準があったが、それもなくなり、今日の噺家の酷《ひど》さとなるが、その酷さも判《わか》らなけりゃあそれっきり。

ましてテレビという怪物が登場し、世の中がマスコミに操られて、大けえ面《でつら》ァして、これに出ないのは文化人に非《あら》ズと、恥も外聞もなく映し出されるものを正義としているかぎり、セコな落語や噺家は後を絶たない。

早い話、落語家は現在、東西合わせて五百人もいよう。いや、その倍か。落語家は辞《や》めない。理由は、食えるし、バカでも「芸能人」となれば相手にされる、ということか。まして立川談志の弟子と言やァ、まずは相手になってくれるし、俺の悪口を言っている分にゃ、二時間くらいは酒の相手もでき、時には小遣いもくれる。

落語は「立派な行い」を笑う

人間は生きていくために常識を覚える。いや覚えさせられる。それらは親から、先輩から、教師《せんせい》から、周囲《まわり》の人から、世間から、寄ってたかって教えられたものであろう。

教わらずにできるのは、呼吸に心臓の鼓動に、屁《へ》と欠伸《あくび》くらいかもしれない。「息の仕方」やら「屁の出し方」を教えるのは見たことも聞いたこともない。

寄ってたかって「人間を一人前にする」という理由で教育され、社会に組み込まれるが、当然それを嫌《いや》がる奴も出てくる。曰《いわ》ク、不良だ、親不孝だ、世間知らずだ、立川談志だ、とこうなる。

それらを落語は見事に認めている。それどころか、常識とも非常識ともつかない、それ以前の人間の心の奥の、ドロ〲した、まるでまとまらないモノまで、時には肯定している。それが談志のいう「落語」であり、「落語とは、人間の業《ごう》の肯定である」ということであります。

〝なら、いいこと、立派なことをするのも業ですネ〟と言われれば、〝そうだろう〟ではあるものの、そっちの業は、どっかで胡散臭《うさんくさ》い。

まだ「世間様」が通用していた時代に創られた落語のネタの中には、〝いいほう〟の業も肯定し、それを土台にしたものもある。つまり親孝行を喋《しゃべ》りながら親不孝を認めるわけだが、結局、それら（いいほうの業）をどこかでバカにしていた。

世の常識、非常識をいろ〲な部分から表現している諸々《もろもろ》の芸やら芸術やら、つまり音楽の、絵画の、文学の、とは一味《ひとあじ》も二味《ふたあじ》も違うのだ。

志ん生は喋る。

「えー、ヘビなんてなァ、何で〝ヘビ〟と呼《い》うようになったんですかネェ。あんなモノは、昔は名前なんぞなかったもんでェ。

〝何だい、こりゃあ。頭からすぐ尻尾《しっぽ》になってらァ〟

〝何だい、てなほどのもんじゃあないよォ。こんなもなァ、屁みたいなもんだい〟

で、あれを〝へ〟と呼《い》ったそうですね。〝へが行く、へが行く〟なんてンでェ。で、そのうちに〝ビィ〟となって、へビだそうでェ」

これ聞いてぶっ飛んだ。そうなんだよ、その通りなのだ。蛇なんてなァ、へがビィとなってへビなんだ、ってネ。

これだい、これでいいのだ。

落語はどっかで人間を笑っている。バカにしているのだ。

「好奇心なんざァ、〝へ〟みたいなもんでして……」とネ。

こんな例は山ほどある。いや全編この了見《りょうけん》で喋っている。いや、それは無意識では

あるが……、でも、山ほどある。もう一つ、挙げておく。

「大蛇《うわばみ》は、どういうわけで〝ウワバミ〟ってンだ?」

「あんなものは〝ウワッ!〟と……」

「おい、驚《おど》かすなよ」

「驚かしゃしねえよ。〝ウワッ〟てのがあると思えよ」

「うん」

「思ったか？」

「思った」

「バミるんだ、それが」

「え？」

「バミるんだよ」

「なんで？」

「〝なんで〟ったって知らない。バミるんだもの」

「で？」

「ウワがバミるから、ウワバミ」

「ウワがバミるから、ウワバミか？　してみると、ウワなんてものはバミるもんかね」

「バミらなくってよォ」

その志ん生とて、「いいほうの業の肯定」を演じたときは非道《ひど》い芸となる。で、「いいほうの業の肯定」を「人情噺《にんじようばなし》」と称《い》い、これらのできる噺家《はなしか》を「一人前」と称い、また、「名人」と称《しよう》したことはすでに書いた。曰《いわ》ク『文七元結《ぶんしちもつとい》』『子別れ』『芝浜《しばはま》』等々。

〝それは違うなァ〟と、若き俺様はどこかでそう感じ、そのまま今日まで生きてきた。

〝そのギャップに生きている〟とも言える。

「与太郎」にある落語的な眼

業《ごう》を肯定し、非常識を肯定する落語的な眼《め》で物事を眺め、処理している人物が「与《よ》太郎《たろう》」である。

与太郎は人間の、人間社会の、その仕組みの無理を知っているのだ。だから偉い。何が偉いといって、落語の与太郎ほど偉い奴《やつ》ァこの世にいない。モーツァルトも、レーニンも、ミケランジェロも、ダ・ビンチも敵《かな》わない。それに対抗できるのは、手塚《てづか》治虫《おさむ》唯一人《ただひとり》である。

与太郎は、バカではない。

世間は、「生産性がない」ということだけで、「バカ」という称号を与える。けど、与太郎はその上をいく。〝バカと言われてもいい〟と思っているし、〝でも、あたいは働かないよ〟と言っている。

「〝働く〟（金儲《かねもう》け）なんぞ大したことじゃあない。人生に意義なんぞ持つと、ロクなこたァない」

そういうこった。

意義を持たないで暮らせりゃ、そんな結構なことはない。

けども、人間というのは、意義がないと生きられない厄介《やっかい》な生き物だから、その意義を持つことを〝よし〟としている。

与太郎なァ、見る奴が見りゃすぐ判《わか》る。〝アァ与太郎だな〟と。

頭は、背は……、いけねえ、与太郎に神様に失礼だ。まして宗教は、食べ物は、好きなものは、いやはや失礼……申し上げました。平《ひら》に御《ご》容赦《ようしゃ》、神に向かっておこがましい、というほどでもないしネ。先般大きな石ィ二個抱《かか》えて歩いてたしネ。よく出《で》っ食《く》わすいい顔なのだが、改めて見ると中肉中背小太《こぶと》り、手脚《てあし》は汚れてらァ。頭の毛はそのまんまだ。大して伸びないから平気。相手も変化を認めない。

「ああ、与太郎か」

こんな売れてるお面《つら》つきはそうはない。

落語を聴いたことのない人でも、「あれ、与太郎さんじゃない?」とすぐ判る。立派なもんだ。

人間の本性と帰属意識

人間なんてなァ気は小さいし、まとまらないし、どうにも辻褄《つじつま》の合わないものと決めた。

それは己《おのれ》の七十年の人生を見返してみて、そう決めた。決ィーめたァ。

で、安定がないから、何処《どっ》かに己を帰属させないとどうにもならない。

立川談志は落語家、つまり落語を喋《しゃべ》る一団の中の一人であった。いや現在《いま》とてそうだ。でも嫌《いや》だがネ。俺様は他の噺家《はなしか》とは違う、と思ってはいるが、形式的にゃ落語家で、着物ォ着て高座《こうざ》に上がり、扇子《せんす》と手拭《てぬぐ》いを小道具として、昔から伝わってきた落語を喋っている。

〝えー、『長屋《ながや》の花見《はなみ》』でございます〟云々《うんぬん》。

けど、その噺の解釈、捉《とら》え方が……また始まった……。

人間、何処かに己を帰属させていないと生きていられない。

それは人生においてばかりに非《あら》ズで、仕事、趣味。その趣味とて、やれ絵画だ、スポーツだ、音楽だ、ナニ芸術ばかりに非ズ。早い話、悪口仲間であり、暴走族、泥棒《どろぼう》、同じ年頃の子を持った親、パチンコ狂、酒飲み友達、気の弱い者同士、ありとあらゆる〝場所〟で、〝気持ち〟で、〝了見《りょうけん》〟でつながり、集まり、群がる。

「円蔵《たけ》［＊3］ちゃん、退屈だろ」

「退屈なんてもんじゃあない。近所中の悪口は言い尽くしちゃったしネ」

名セリフである。

たとえ一人ぼっちでも、己の心の中では共感する人を、言葉を探す。そうして安定らしきものを保てる。つまり生きている。

けど、一人の人間が帰属する場所は一つではなく、その時〳〵でその対象を変える。それはAグループからBグループに移り、次にCグループ……というばかりではなく、その日〳〵、その時〳〵で、クル〳〵変わる。つまり、何もまとまっていないのである。ま、これがまとまるとロクなものにならない。やれ「宗教」の、「主義」の……と。

それはともかく、あることに賛成し、共感をして喋った帰り道には、もう違うことを言っているし、その気持ちになっている。それが人間というものだ。

いくら書いても、これまたキリがない。で、ズバリ言やァ、その時〳〵の出たとこ勝負のいい加減、これが人間の本性《ほんしょう》というものなのだ。と、そう言っているのが落語立川流家元《たてかわりゅういえもと》立川談志なのであります。

〝出世〟など腹からバカにする

さァてネ。そこでだ。それじゃあ、人間まとまらない。まとまらないと、世の中どうにもならない。で、その時代、その場所、その人たちで「常識」というグループを決める、作る、それにすがる、というか、沿って暮らしていきゃ別にトラブルはない。けど、くどいが、そりゃ無理なのだ。判《わか》りやすく言やァ、学校の嫌いな子に、ガキに、〝行きな、義務教育だし、あそこは皆が行くところだから〟ったって、嫌《いや》なガキにゃ嫌だし、正直俺様も大っ嫌いだった。〝教師《せんせい》という奴《やつ》ァ嘘《うそ》ばかりこいてやがる〟であったし、本当に気の合う友達もいなかった。

ナニ、俺が勝手だったばかりではない。ま、世間は〝勝手〟と言うだろうが、勝手にも何も、嫌なものは嫌だったし、最後にゃ両親《おや》もそれを認めちまった。

話を元に戻すと、その学校嫌いなこのオレ様という小生意気《こなまいき》なガキにも、その帰属する場所はあった。多摩川《たまがわ》であり、トンボ釣《つ》り、ベーゴマ等々、そして末には落語、とこうきたもんだ。

人間何処《どっ》かに帰属してないと保《も》たない。その中に組み込まれ、そしてその中で〝よし〟とする者が優先される。その場所なり、仲間なりが反社会的でないと世間が決めれば、その中のルールで生きることに誰も矛盾《むじゅん》を感じないし、むしろ〝これを一人前の大人というのだ〟と言い、それになるべき予備軍を、〝いい若者だ〟〝時代を背負うであろう頼もしき連中だ〟等ホザく。

書いてて何だか判んなくなったから、簡単に書くよ。

人間には良心も、正義も、愛もありゃしない。放《ほ》っときゃ、その時〱に、いろ〱な気持ち、考えが出てくる。で、迷う。それを矯正《きようせい》する、例えば儒教、主義主張、義務、あれこれ、全部《みんな》嘘だよ。嘘臭《うそくせ》えと立川談志、ガキの頃からそう思い、その場〱の安心、不安、苛立《いらだ》ちで今日まで生きてきた。

〝そうさァ、そうよ、ムリだよォ。人間、セコいんだよォ〟と、落語は語《い》ってくれる。世の常識に組み込まれ、〝よし〟とされ、それを「出世」と称している奴なんざァ、腹からバカにしてる。

ま、例外もあるがね。けど面倒臭えや。〝勝手に生きるべし〟である。〝百日の説法《せっぽう》屁《へ》一つ〟なのである。

このところ、家元、屁の出がいいのだ。いい屁が出るよ、ブォーンとネ。

将軍がお座《ざ》に着いた。家来《けらい》一同居並《いなら》んでいると、そこで将軍、大きな屁を一つ。まず、御三家《ごさんけ》紀州公《きしゅうこう》、「臭きもなびく君《きみ》が御威光《ごいこう》」。水戸《みと》様は「天下泰平《てんかたいへい》」、尾張様は「武運長久《ちょうきゅう》」。

家来一同、

「へ、へ、へェー」

バカ〳〵しいや。

落語は江戸っ子の〝品〟を語る

現代は、金を使えばなんでもできると言うが、例えば、金に寄ってくるような女は、ロクなものじゃない。

金があれば、ホテルはスイートルーム、飛行機はファーストクラス、新幹線はグリーン車だろうが、それら金で解決できるものと、「品《ひん》」とは別のものだ。

実際、新幹線のグリーン車に乗っている連中の、品の悪さ。芸人だってそうだ。普通車に乗っている人たちのほうが、よっぽど品がいい。

食い物もそうだ。一般的には、〝値段の高いものが美味《うま》い〟という。けど、本当に赤坂の料亭で食ってるものが美味くて、銀座の酒が美味くて、庶民が食っている食い物や酒が不味《まず》いのか。もしそうだったら、暴動が起きるはずである。

だが、起こらない。つまりそれは、〝あんなもの、大して美味いもんじゃなくて、高い金を出してまで食うものじゃない〟ということを庶民が知っているからだ。

銀座だって、大した女がいるわけじゃあない。〝女がいるだけで高い金を払うぐらいなら、安い飲み屋で飲んでいるほうがいい〟と、庶民は知っている。

だいたい、いい女なんぞ、銀座にいるものか。本当にいい女だったら、別のことをしている。

断っとくが、「いい女」とは、見た目じゃねえぞ。やれ〝綺麗《きれい》だ〟、やれ〝スタイルがいい〟だのとみんな騒ぐが、よくいるだろう、〝こんなバカいねえ〟という女。例えば、ミス・ワールド。

俺なら、目の前に連れてこられたら、言うネ。

「いい女でしょう?」

「冗談じゃねえ、こんなバカ」

さあ、そこで落語だ。

これらは、自分の欲望を〝金で解決している〟わけだが、それを〝恥ずかしいこと〟としてやらないのが「品」というものだ。で、それを大事にしているのが江戸っ子であり、金で解決している品の悪い奴《やつ》を笑っているのが落語というこった。

江戸時代は、士農工商だから、それぐ〳〵の位置に居ざるをえない。勿論《もちろん》、侍を辞《や》めて戯作者《げさくしゃ》になったり、大工を辞めて小説家になったり、やりたきゃあできたが、少なくも八公《はちこう》、熊公《くまこう》は、〝お店《たな》の旦那《だんな》になろう〟なんという発想はなかった。これは、楽だろう。

ところが現在《いま》は、金を儲《もう》ける才覚さえありゃあ、すぐに長者《ちょうじゃ》になれる。「情」だとか、「照れ」だとか、「品」だとかは必要なくなってしまった。

また江戸の庶民は、自分たちでは判断できない問題が持ち上がると、寺の和尚《おしょう》や路地裏《ろじうら》のご隠居《いんきょ》を訪ねた。知識のある和尚や隠居は、庶民に理解《わか》りやすいように、解説してやった。〝ご隠居、どう思う？〟〝それはだなァ、八《はっ》つぁん……〟てな具合だ。

それが現在ではどうだ。みんなコメンテーターになっちまって、現代の「常識」を偉そうに口にする。

曰《いわ》ク、〝人殺しは悪い〟だとか、〝許せない〟だとか、〝怖いですねえ〟だとか。ズバッと言えば、

「よく言うよ。生意気《なまいき》だよ、庶民のくせに」

である。

西部邁《にしべすすむ》さんが、〝庶民じゃなくて大衆になっちゃった〟と言ったが、〝なるほど〟である。

落語に「美談」はない。「いいことをすると恥ずかしい」というのが、日本教の中にあったからだ。

それが今では、どうだ。被害者を支援しているとか云々《うんぬん》、それをテレビに出て大《おお》っぴらに言う人間が多いこと。

アフリカにわざ〳〵行って、子供を抱いているところをテレビカメラに写させたりする奴《やつ》もいる。〝バカ野郎、自分の家《うち》ィ連れてきて面倒を見りゃいいじゃないか〟となる。

落語は、そういう美談の胡散臭《うさんくさ》さを見抜いている。〝嘘《うそ》ォこけ、この野郎〟〝恥を知

れ、恥を〟ということだった。

ちなみに、落語的に言うと、借金《かり》を早く返すのも〝恩知らず〟である。

二大傑作は『欠伸指南』と『粗忽長屋』

あのネ、お断りしておくが、立川談志、今までにいろ〳〵な本を書き、出してきた。ほとんどが行き当たりばったりであるとともに、イリュージョンだから、書いている文、ナニ、文てほどのものじゃあないが、ダブることも多々あろう。我慢してくれ。それでも駄目《だめ》なら軽蔑《けいべつ》するか、小遣いをくれ。

で、そのダブるかもしれない話に、人間なんて不完全な生き物で、本来なら死滅すべきものなのだろうが……待てよ、猿人《えんじん》あたりでやめときゃ大丈夫だったかもしれないが、なんとこの生き物、好奇心という妙な生理を持っていて、これが今までの悲劇を呼び、滅ぶ寸前となっている。

ま、それは措《お》いといて、この生き物、人間らしくなると、共同生活をする。そのためには共通の思考、行動を取らされることになる。何せ自然に適さないこの生き物、生まれたまま放《ほ》っておくと、百パーセント死滅する。そこで知性を働かせ、具体的に言やァ、火を起こし、水を治め、家を、衣服を……と、今日にきた。けど、〝生きることに無力〟は変わらない。

で、前のところでも書いたように、人間生きていくためにありとあらゆることを、親は、周囲《まわり》は教える。教えなくても済むのは、呼吸とか心臓の拍動、屁《へ》、欠伸《あくび》ぐらいだ。

教えなくても誰でもできるようになる欠伸を教えるという、またそれを習いに行くという名作『欠伸指南《あくびしなん》』、なんという物凄《ものすご》さ。他の世界、世界中にこんな素晴らしい芸術はない。

ついでに言うと、これと『粗忽長屋《そこつながや》』が落語の二大傑作である。

落語はなぜ〝面白い〟のか

落語はなぜ〝面白い〟のか。それを分解してみる。

よく、「笑い」を分解して表現する人がいる。また、その表現に効果がある場合が多くある。ざっとあげても、道化《どうけ》、ナンセンス、ウイット、ジョーク、馬鹿《ばか》、ユーモア……とある。いろ〳〵な分解の方法があると思うが、談志流に分解すると、こうなる。

「道化」は、例えば、歩いているときに、迂闊《うかつ》にもバナナの皮を踏んで引っくり返ってしまう。それを周りは見て笑う。そういう笑いを誘う芸だ。

けど、考えてみると、転んだのが女性で、しかも怪我《けが》をしたとすれば、笑っていられないだろう。

兵隊がトーチカに隠れている。と、そこへ、大勢の敵がザッ〳〵と入ってきた。その兵隊の恐怖の高まりは極限だろう。けど、その兵隊に気づくことなく敵が去ってしまった。そのとき兵隊は「ははは……」と笑うか。笑うまい。ほっと一息、〝助かった……〟であろう。

それ以前に、子どもはなぜ笑うのか。赤ん坊はなぜ笑うのか。外からの刺激で笑うのか。刺激されて、緊張が解けた瞬間に笑うのではないか。というのは、枝雀《しじやく》［＊4］の意見だが、ある程度は当たっていると思う。余談であった。

「ナンセンス」は、〝どっか常識とは違っている〟〝ズレている〟という可笑《おか》しさを誘うものだ。ある意味、バカにしたような笑いを誘う。

「ウイット」は、〝野郎、巧《うま》いこと言やがったな〟というもの。

「ジョーク」は、練って〳〵作りあげるものだ。

「馬鹿」は、状況判断ができないからやることが可笑しい。それを表現する。

それらを含め、笑いのすべてが理解《わか》ることを「ユーモアがある」「ユーモアが理解る」と言う。ま、どうでもいいがネ。

で、落語はなぜ〝面白い〟のか。それは、それら笑いのすべての要素が入っているからであり、そこへさらにイリュージョンをぶち込んだのが立川談志である。だから談志の落語は〝さらに面白い〟。

「不謹慎な笑い」の物凄さ

家元、一時期、西洋のジョークに凝《こ》って、高座《こうざ》の枕《まくら》でいつも演《や》っていたことがある。もう、飽きたがネ。

ネタは、ジョーク集である。これらの本は、かなり持っている。キッチンの流しの下に入れてある。凄《すご》いぞォー。

私が西洋のジョークと初めて出会ったのは……、〝出会ったのは〟ときたネ、ヤだね、キザな言い方だ。

十八歳くらいのときだったか、「週刊新潮」の終《しま》いあたりに、ジョークが載《の》ってい
て、その面白さに愕然《がくぜん》としたものだ。〝こりゃあ、面白い〟と思った。で、調べてみ
たら、いろ〳〵な出版社がジョーク集を出していた。確か、全三十巻くらいのものも
ある。

それらを全部読んで、◎とか○とか△を付けておいて、それを枕で演る。
けど、他の落語家は、立川流の弟子も含めて、誰《だ》ァれもやらない。今度はその事実
に愕然とした立川流お家元、というこった。

ジョークをアトランダムに載せておく。

「ねえ、聞いて〳〵。変な人がいるのよ。私の後をずーっとついてくるの。変な人で
しょ？」

「うん。なるほど変な人だね」

「先生、どこが悪いんですか？」

「肝臓だよ」

「原因は何ですか?」

「酒のせいに決まっているじゃないか」

「なんだ酒のせいか。俺のせいじゃないのか」

交番の休憩時間に若い警察官が、テレビでサスペンスを見ていた。そこへ来た先輩警察官が、

「どうだい、面白いかね」

「面白くもなんともないですよ、こんなの。最後にはみな、捕《つか》まってしまうんですから」

職業安定所へ男が来て、

「わたし、子どもが十二人いまして」

「ほかにできることは?」

最後に、最高のジョークを書く。

夫婦で二人乗りのスポーツカーに乗ってドライブをしていた。山道を爽快《そうかい》に運転していたが、どこでどう運転を誤ったのか、道をそれて山の中腹から真《ま》っ逆《さか》さまにダン、ピチャン、ダン、ピシャンと落っこちた。車はペシャンコに潰《つぶ》れて、奥さんが即死、旦那《だんな》も即……。

いや、旦那は、九死《きゅうし》に一生《いっしょう》を得て、病院に連れていかれた。大手術をして、体中ギプスやら包帯やらで巻かれて身動きがとれない。寝たまんま、である。

友達が見舞いに来た。

「えらいことだったなあ。自業自得といえばそれっきりだけども、奥さん即死で、君だってこんなにグル〳〵巻かれてしまって、どうにもならないだろう」

「笑うと痛《いて》えんだよ」

物凄《ものすご》いジョークである。

本来、これを笑えば〝不謹慎〟と言われるのだろう。それを笑えてしまう人間の感覚とは、いったい何だろうか。

それは、文化の高さだろう。こういう笑いに対して、「そんな冗談を言って不謹慎じゃないか」と言う連中の文化度は間違いなく低い。

ついでに言うと、エロのジョークに対して「いやらしい」と言わんばかりの態度をとるのは、好色な女である。自分がその世界に入っていくことが怖い。エロチシズムに入っていく、自分が助平《すけべい》になっていくことに対する恐怖心の裏返しである。

「ウイット」は、ジョークのように作りあげるものではなく、対話の中で〝ふっ〟と返していくものだ。「粋《いき》なこと言うね」「洒落《しやれ》たこと言うね」と相手に思わせるフレーズである。

で、そのウイットの名人が立川談志である。この男はよく自慢するネ……。

女性との会話。

「談志さんて、とてもキレイ好きなのね」

「そうだよ。だからキミを連れて歩いているんじゃないか」

夜遅く、女性に、

「これから何処《どこ》かへ行こうか」

「もう遅いから、だめよ」

「何もないよ。せいぐ〜あって強姦《ごうかん》だ」

「輪姦《りんかん》がありそう」

巧《うま》いっ。


コトを途中で止《や》めた。

「どうしたの？　談ちゃん」

「〝人が言うほど、私は男を知らない〟と言ってるけど、巧すぎるじゃないか」

「天才なの」

カッ〜、言やがったね、〝天才〟とは。〝天才〟じゃ、しょうがねえ。

これらをウイットのある会話と言う。

落語に話を戻すと、ジョークとウイットを片《かた》っ端《ぱし》から並べることによって、一席保《も》たせる演り方もある。これらは「ギャグ」と言い換えてもいい。

歌笑《かしょう》［＊5］や金語楼《きんごろう》［＊6］がそれである。ついでに言っとくと、歌笑はかなり勉強していたと聞く。ニーチェの詩集を読んでいたという。判《わか》るような気がする。

過去、いろ〳〵な落語家がいろ〳〵なギャグを入れてきた。〝入れすぎる。入れすぎにしても面白い〟と、ある古典ファンが評したのが、円遊《えんゆう》［＊7］であり、三語楼《さんごろう》［＊8］であった。

とくに三語楼は、当時の「インテリ」を巻き込んで、大人気を博《はく》した。三語楼については、後で詳しく書く。

ちなみに、そういう風潮に対して、〝昔ながらの古典落語をきちんとやろう〟という動きが出たり引っ込んだりした。第一次落語研究会から始まり、この落語会で演じる落語家が「権威」となった。曰《いわ》ク、文楽《ぶんらく》［＊9］、志ん生、三木助《みきすけ》［＊10］、円生、小《こ》さん［＊11］である。

落語の真髄を聴け

まとめると、道化《どうけ》、ナンセンス、ウイット、ジョーク、馬鹿《ばか》……という、笑いの要素が全部入っているのが落語である。で、談志はさらにそこへ「イリュージョン」をぶち込んだということだ。

十年くらい前からだったか、家元、落語を説明するのに、この「イリュージョン」という言葉をよく使う。

イリュージョンというのは、毎度言うとおり、宇宙に群れあっている無数のモノやコト、生き物から、さっと一部だけを持ってきて、〝どうでい〟と示すものだ、という言い方もできる。

その一条は、過去の人生のどこかにあったものなのだが、それは、言葉で説明しても理解《わか》らないであろう。談志落語と言わないまでも、落語の真髄《しんずい》を聴いてみないと判《わか》らない。

現実には〝かけ離れている〟もの同士をイリュージョンでつないでいく。そのつなぎ方に面白さを感じる了見《りようけん》が、第三者とぴったり合ったときの嬉《うれ》しさ。〝何が可笑《おか》しいのか〟と聞かれても、具体的には説明ができない。けど、可笑しい。

イリュージョンには、判りやすいものとそうでないものがある。

権太楼《ごんたろう》［＊12］が演《や》った『猫《ねこ》と金魚《きんぎょ》』（高沢路亭《たかざわろてい》が創《つく》ったとされている。後で詳しく書く）は、判りやすい。

「番頭さん、金魚、どうしたい」

「私、食べませんよ」

これなどは、イリュージョン以外の何物でもない。物凄《ものすご》いギャグだ。

権太楼については、改めてあとのページで書くが、権太楼のギャグには、イリュージョンが横溢《おういつ》している。その集大成と言ってもいい。権太楼を聴きに寄席に来ていた客は、それらを味わいに来ていた部分が大きいと思う。

現代において、〝談志よ、早く出てこいよ〟と言うのもこれだと思うし、私が老いてもどうやら楽しく過ごせるも、これがあるからだ。いや、これだけだ。

権太楼のネタをもう一つ挙げておく。

『熊《くま》の穴《あな》』は、権太楼はめったに演らなかった。ということは、それを聴けた私は僥《ぎょう》倖《こう》であった。

「お前さん、熊を獲《と》ってるってねェ。熊なんて簡単には獲れないだろう？」

「それが、獲れる」

「どうやって獲るの？　俺にならﾞ、教えてくれるだろう？」

「いいよ。わけねえんだよ。俺が入る穴を掘ってね、その穴の上に、戸板《といた》をのっけとくんだよ。戸板のところに、このくらいの（両手で輪を作る）穴をあけとく。で、熊の好きな食い物と一緒に穴ン中に俺が入ってる。熊が戸板の穴から手を入れるだろ、その手を摑《つか》んじゃうんだよ。手を摑んで穴から出る。向こうは手を摑まれてるからどうにもならない。もう一本の手でなんかしようと思っても、戸板があるから、がり〳〵がり〳〵やっているだけで何もできない。そのうちに、家《うち》に連れてきちゃおうっていうんだよ」

「ははあ。熊の力が強いとどうなるの？」

「熊の家ィ連れてかれちゃうだけだよ」

というわけだが、〝ハハァー、物凄いな〟と思った。〝熊の家ィ連れていかれちゃう〟のではなくて、〝熊の家ィ連れてかれちゃうだけだ〟というこの部分。

三木助師匠にも、イリュージョンがあった。「三木助師匠のギャグ」といわれるもので、自分で考えたのではなく、どこからか持ってきたのだろう。けど、〝持ってきた〟というのは才能である。

「下駄《げた》が片一方《かたいっぽう》落っこってる。ケチな旦那《だんな》だから、

〝拾いなさい〟

〝拾ってどうするんですか〟

〝台を割って薪《まき》にしなさい〟

〝なるほど。鼻緒《はなお》は捨てますね〟

〝もったいない。羽織《はおり》の紐《ひも》にしなさい〟」

三木助の『味噌蔵《みそぐら》』である。これは実にいい、笑えるイリュージョン、いかにもケチらしいイリュージョンだ。

〝堪らない〟フレーズがキラ星の如く

書いた如《ごと》く、文楽師匠独特のフレーズ、曰《いわ》ク「モチリン、、でゲス」「アババババ会社」「ベケンヤでゲス」、いやもっと多くあるが、これらは楽屋と、「落語通《つう》」と自称する連中、楽屋に入《い》り浸《びた》っていた連中、つまり、寄席文字の橘左近《たちばなさこん》、その頃TBSにいた川戸貞吉《かわどさだきち》等にとっては〝堪《たま》らない〟フレーズで、よく語り合っていた。

一方で、その輪の中に入らない者、噺家《はなしか》でも興味を示さない者もいた。私ゃその中間か。文楽師匠の落語を聴きながらそれを想い、そのフレーズを一人喋《しゃべ》った。

それと同様のことが私の周囲《まわり》のファンにある。

「ナターシャー真室川《まむろがわ》の……」

「浦賀《うらが》の黒船は帰りましたかネ」

「馬鹿《ばか》ァ隣の火事より怖い」

なんという家元のフレーズを好むファンがいる。

別に家元だけではあるまい。落語通が好む〝堪らないフレーズ〟というものがある。

「厄拐《やつかい》、木拐《もつかい》、蜆《しじみ》っ貝《かい》」（『鉄拐《てつかい》』）
「だって俺、おじさんだもん」（『付《つ》き馬《うま》』）
「誰が〝がんもどきの製造法を喋れ〟と言ってるんだ」（『寝床《ねどこ》』）
「お父《とつ》つぁん、ご覧なさいよ、我が子の晴れ姿」「見てもよ、情けねえ」（『よかちょろ』）

等々〝まだ〳〵、ある〳〵……〟、おっとこれもその一つか（『黄金餅《こがねもち》』）。

と書いても、どこが〝堪らない〟のか、まずは判《わか》るまい。

落語を聴き、己《おのれ》の生活、性格等々と〝がっちりと合う〟フレーズと出合ったときの喜び。それが落語ファンの〝堪らない〟フレーズとなる。また、落語家のほうでも、〝合う〟という自信を持っている。

これらが、キラ星の如《ごと》く入っているのが落語である。

そのキラ星は、何の世界もそうだろうが、多くの時間をそこへ費やさなければ判るまい。

で、それらキラ星が入っている落語家、その最たるものが志ん生であり、権太楼であり、ネタにより柳好《りゆうこう》［＊13］であり、小さんであり、三木助であり、ということなのだ。

とはいえ、これらは前後との関係もあり、言っている言葉の意味も判る。だが、家元の『居残《いのこ》り』とくると、わけが判らなくなる。

「何だい、あの客は。居残りが部屋に入っていきやがる。ズン〳〵〳〵〳〵。〝ドヒャーッ〟てえと、客が〝ヨオ、ドンパン〳〵〟。と、居残り〝エヘラポー〟、客が〝ニシラッツー〟って受けてやがる。何だい、こりゃ」

ナンダカワカンナイ。その通りである。判る人だけのものだ。たとえ初めて聴いた人でも、そのニュアンスというか、風というか、それが解《わか》る人は多くいる。

これぞ、イリュージョン落語である。

ついでに申すと、極端なハナシ、これらが好きで落語を聴いている人がいる。とくに家元の落語を。

極論、いや結論しておこう。イリュージョンとは、談志の『居残《いのこ》り佐平次《さへいじ》』である。

初期の談志イリュージョン

そういえば、あとになって気付いたのだが、四十年近く前にニッポン放送で円鏡《えんきょう》（現・八代目橘家円蔵《たちばなやえんぞう》）と二人で演《や》っていた「談志・円鏡　歌謡合戦」は、談志イリュージョンの初期といえる。テーマは、芸能とか、スポーツとか、文学とか、科学とか、政治とか、歴史とか、あらゆるジャンルに及び、台本もなく、その場で話のやり取りをしていく番組だった。曰《いわ》ク、

「今日は『寝床《ねどこ》』をやるから、ひとつ集めておきな」

「はい、判《わか》りました」

「あー、何かい、大家《おおや》は来るかい？」

「来ません」

「来ねえのか。自衛隊はどうした」

「演習があると言って来られないそうですよ」

「平家《へいけ》はどうした」

「平家は、今ね、源氏《げんじ》と一大決戦を……」

「新撰組《しんせんぐみ》はどうした」

「新撰組も今、落ち目でね」

「しょうがない野郎だね。幼稚園の生徒はどうした」

「帰りました」


「今日は東北八景《とうほくはつけい》でいきますからね、円鏡さん」

「はい」

「東北八景の一番は何処《どこ》でしょうかね」

「由利徹《ゆりとおる》の実家です」

北国出身のコメディアンは沢山《たくさん》いる。けど、「由利徹の実家」というこの〝線〟。それはギャグを超えている。この、二人の〝線〟と〝線〟の交差が、のちに家元が称《い》うイリュージョンであった。

その交差する線が、談志《わたし》を中心に五人になり、十人になり……、談志落語の世界ができ、そこに帰属しているのが談志とそのファンということになる。

で、イリュージョンとは何か。

〝進まねえじゃないか、談志《おまえ》の話は。イリュージョンは何だ、かんだと言って〟

〝どうも、相すいません〟

ディズニーのファンタジー映画のようなもの、とも言える。きらびやかな光線が空のあっちこっちから射《さ》してきて、二本の光線が交差する、その交差した点こそ、イリュージョンである。その、交差した瞬間、一致した瞬間が〝堪《たま》らない〟。

ナニ？　余計判らなくなったって？　〝どうも、相すいません〟……。

「お前、判る？　キリンが乗ってる地下鉄ってえの」

「ああ、あれか。堪んねえよなァ」

感情の奥にある感情を表現する

現在《いま》の談志が、〝お、こいつはいいな〟と思うのは、噺《はなし》が上手《うま》い拙《まず》い、人物描写が上手い拙いよりも、イリュージョンを感じる落語である。

勿論《もちろん》、噺が上手い、人物描写が上手い、というのも、談志が認める落語の条件の一つにはなる。

言い換えると、落語リアリズムをきっちりと演じている落語家からイリュージョンが生まれてくるとは限らないが、といって、きっちり演じている落語家でなければ、イリュージョンを理解することができないだろう。

伝統的な落語を、落語リアリズムをきっちり演《や》れて、さらにイリュージョンが理解《わか》る才能もある、という両方がなければ、家元は評価しない。

なぜならば、イリュージョンはあくまでも添え物であるからだ。

「落語リアリズム」とは何か。

リアリズムという言葉の意味は、現実というものをそのまま描くことだろう。では現実とは何か。それが人によって、また表現の手段によって違ってくる。

落語では、落語家や落語が持っている雰囲気、了見《りょうけん》から発生してくるリアリズムというものがある。それは、世間一般の〝浅い現実〟とは違う。

例えば、これを書いている今、私は風邪《かぜ》をひいていて喉《のど》が苦しくてしかたない。けど、友人と電話をすればジョークを言う。それが、落語家立川談志にとって、自然な行為となる。

簡単に言ってしまえば、喜怒哀楽の表現が、普通の人間とは違うのだ。悪い出来事に遭《あ》っても、落語家ならばこんな嘆き方はしないだろう、こんな表現はしないだろう、というものがある。

「おはようございます」「お加減はいかがですか」なんという、まともな挨拶《あいさつ》なぞ照れ臭くて言えない。それを落語の中で表現するのが落語リアリズムではないか。それは昔から落語にはあったのだろうが、改めて言葉で説明しようとすれば、そうなる。

つまり、まともな日本語のやりとりは照れ臭いのだ。その落語家独特の「照れ」をそのまま、落語の中の人生や生活で表現したのが落語リアリズム、ということだ。

亭主が家に帰ってきた。普通ならば、「いま帰ったよ」に「お帰りなさい。お疲れ様」となるが、落語リアリズムは違う。

「いま帰ったよ」

「こん畜生《ちくしょう》、帰ってきやがったな」

「帰ってきて悪いかい」

「〝悪い〟とは言ってないよ。〝帰ってきやがった〟っつってるだけじゃないか」

〝帰ってきやがったな〟は、「お帰りなさい」という意味なのだろうが、そんなまともな返し方はしないのが落語リアリズムなのだ。

それが、修羅場《しゅらば》でも出てくる。泣きながら、文句を言いながらもそれが入ってくる。親しい人が亡くなったような愁嘆場《しゅうたんば》でも出てくる。棺桶《かんおけ》の前でも出てくる。

そういや、小さん師匠のお内儀《かみ》さんが病気で〝もう駄目だ〟というときに、弟子たちがみな集まった。そこに三平《さんぺい》とこん平《ぺい》の師弟がいて、〝グスン〳〵〟。〝嘘《うそ》ォつきやがれ。この野郎〟と足を蹴飛《けと》ばしてやった。

落語家のくせに、〝常識的に泣く〟とは何事か。この場合、私の行為が落語家として本当だろう。

〝人の死〟さえものともせず、葬式でも冗談を言える物凄《ものすご》さ。それが落語の凄さであり、面白さであり、他に類を見ない表現形式、いや文化なのだ。

「どしたい、あいつ。何？　死んじゃった？　はあーん」とネ。

ジョークだけなら、死を扱ったものはたくさんある。けど、落語では、〝落語の中の実生活〟に入り込んでいる。

こんな小噺《こばなし》がある。

「お前、何で死にたい？」

「俺は頓死《とんし》がいいね。スコーンと逝《い》っちゃうのが」

「お前は？」

「俺は肺病がいい。青くなってネ、二枚目になってネ、女に惚《ほ》れられて……」

「何言ってやがんだ、この野郎」

〝頓死がいい〟と言ってた奴が、言った通り頓死した。野郎、生きてたら、さぞ自慢をすることだろう。

『片棒《かたぼう》』で、

「お前、私が死んだらどうする？」とお父《とっ》つぁんが聞く。すると息子が、

「何？　お父っつぁんが死ぬ？　よォん、よォん」

これが落語リアリズムである。本当に喜んでいるわけでもなく、悲しんでいるわけ

でもない〝よォん、よォん〟がいい。

客のほうも、それを聞いて、「あいつはとんでもない野郎だ。〝親が死ぬ〟と聞いて〝よォん、よォん〟とは」などとは思わない。「なんだ、この野郎」と怒るのは、落語の中のお父っつぁんだけである。

落語は人の死を笑いのテーマにするが、そこには悲しみも含まれている。泣いたり笑ったりが交差しているかもしれないし、二つの感情が一緒に出てきて、何がなんだかわけが判《わか》らなくなっているのかもしれない。この落語リアリズムには、〝泣き笑い〟なんという平凡な言葉で表せない深さがある。

「感情の奥にある感情」の表現とでもいうべきか。

だからこそ落語は、人間の業《ごう》を肯定し、非常識を肯定するのだ。

で、それが出てくると落語に厚みが出てくる。

弟子談春《だんしゅん》に、「もっと感情注入をしろ」と教えたことがある。「わかったっ」と、あの野郎は言やがった、車の中で。できるようになるのは、まだ〳〵先だろうがネ。

[＊1] 六代目三遊亭円生（さんゆうてい・えんしょう）。本名山崎松尾、一九〇〇（明治33）〜一九七九（昭和54）年。一九〇九（明治42）年、四代目 橘家円蔵《たちばなやえんぞう》に入門。一九二〇（大正9）年橘家円好《えんこう》で真打ち。三遊亭円窓《えんそう》、橘家円蔵を経て、一九四一（昭和16）年六代目三遊亭円生を襲名する。六代目落語協会会長（一九六五〜七二年）。真打ち乱造に反対して一九七八（昭和53）年、円楽《えんらく》、円窓ら一門と協会を脱会、落語三遊協会を設立。

[＊2] 五代目古今亭志ん生（ここんてい・しんしょう）。本名美濃部孝蔵、一八九〇（明治23）〜一九七三（昭和48）年。二代目三遊亭小円朝《こえんちょう》に入門し、金原亭馬生《きんげんていばしょう》（のちの四代目古今亭志ん生）門下に。講釈師を経て柳家三語楼《やなぎやさんごろう》門下に。一九三四（昭和9）年に七代目金原亭馬生を、一九三九（昭和14）年に五代目古今亭志ん生を襲名する。落語協会の四代目会長（一九五七〜六三年）。十代目金原亭馬生、古今亭志《し》ん朝《ちょう》の父。

[＊3] 八代目橘家円蔵（たちばなや・えんぞう）。本名大山武雄、一九三四（昭和9）年〜二〇一五（平成27）年。月《つき》の家円鏡《やえんきょう》を経て、一九八二（昭和57）年八代目橘家円蔵を襲名。

[＊4] 二代目桂枝雀（かつら・しじゃく）。本名前田達、一九三九（昭和14）〜一九九九（平成11）年。一九六一（昭和36）年三代目桂米朝《べいちょう》に入門、小米《こよね》を名乗る。一九七三（昭

和48）年二代目桂枝雀を襲名する。

［＊5］三代目三遊亭歌笑（さんゆうてい・かしょう）。本名高水治男、一九一七（大正6）〜一九五〇（昭和25）年。一九三七（昭和12）年三代目三遊亭金馬《きんば》に入門。一九四一、四二（昭和16、17）年頃三代目三遊亭歌笑を襲名、一九四七（昭和22）年真打ちに昇進。「純情詩集」で歌笑ブームを築く。

［＊6］柳家金語楼（やなぎや・きんごろう）。本名山下敬太郎、一九〇一（明治34）〜一九七二（昭和47）年。二代目三遊亭金馬《さんゆうていきんば》に入門し金登喜《きんとき》、ついで小金馬《こきんば》を名乗る。その後三代目柳家小さん門下に移って一九二〇（大正9）年柳家金三《きんざ》で真打ちに。初代柳家三語楼《さんごろう》門下となり一九二四（大正13）年から柳家金語楼を名乗る。一九三〇（昭和5）年日本芸術協会の設立に参画し、副会長になる。戦後は高座を離れ、映画・テレビで活躍。ＮＨＫテレビ「ジェスチャー」のレギュラーとして人気を得る。

［＊7］初代三遊亭円遊（さんゆうてい・えんゆう）。本名竹内金太郎、一八五〇（嘉永3）〜一九〇七（明治40）年。一八七二（明治5）年ごろ三遊亭円朝《えんちょう》に入門し円遊を名乗る。「ステテコ踊り」が評判になる。一八八〇（明治13）年真打ちに昇進。斬新なギャグ

を取り入れ、時代を描写した新作で人気を得た。

［＊8］初代柳家三語楼（やなぎや・さんごろう）。本名山口慶二、一八七五（明治8）〜一九三八（昭和13）年。四代目 橘家円喬《たちばなやえんきょう》に入門し右円喬に。一九一三（大正2）年二代目談洲楼燕枝《だんしゅうろうえんし》の門に移り燕洲《えんしゅう》に、さらに一九一六（大正5）年三代目柳家小《やなぎやこ》さん門下となり三語楼と改名、真打ちになる。門人に柳家金語楼、五代目古今亭志《ここんていし》ん生《しょう》、初代柳家権太《ごんた》楼《ろう》、七代目林家正蔵《はやしやしょうぞう》（故林家三平《さんぺい》の父）、柳家三亀松《みきまつ》などがいる。

［＊9］八代目桂文楽（かつら・ぶんらく）。本名並河益義、一八九二（明治25）〜一九七一（昭和46）年。一九〇八（明治41）年初代桂小南《かつらこなん》に入門。小南が大阪に帰ったため、旅芸人になり、名古屋、京都、満州などを転々とする。その後東京へ戻り翁家《おきなや》さん馬《ば》（のちの八代目桂文治《ぶんじ》）門下を経て五代目柳亭左楽《りゅうていさらく》門下となり、翁家馬之助《うまのすけ》で真打ちに昇進する。一九二〇（大正9）年八代目桂文楽を襲名する。落語協会の三代目、五代目の会長（一九五五〜五七年、一九六三〜六五年）をつとめる。

［＊10］三代目桂三木助（かつら・みきすけ）。本名小林七郎、一九〇二（明治35）〜一九六一（昭和36）年。十代で六代目春風亭柏枝《しゅんぷうていはくし》（のちの六代目春風亭柳橋《りゅうきょう》）に入門。大阪

の二代目桂三木《かつらみき》助《すけ》門下を経て東京の柳橋門に戻る。一九二七（昭和2）年春風亭柳《りゅうしょう》昇で真打ちに昇進。一時舞踊に転身するが、一九四三（昭和18）年 橘ノ円《たちばなのまどか》として復帰。一九五〇（昭和25）年三代目桂三木助を襲名する。

［＊11］五代目柳家小さん（やなぎや・こさん）。本名小林盛夫、一九一五（大正4）〜二〇〇二（平成14）年。一九三三（昭和8）年四代目柳家小さんに入門。一九四七（昭和22）年九代目柳家小三治《こさんじ》を襲名し真打ちに昇進。一九五〇（昭和25）年五代目柳家小さんを襲名する。落語協会七代目会長（一九七二〜九六年）。一九九五（平成7）年落語家初の重要無形文化財保持者（人間国宝）となる。六代目小さんの父、柳家花緑《かろく》の祖父。

［＊12］初代柳家権太楼（やなぎや・ごんたろう）。本名北村市兵衛、一八九七（明治30）〜一九五五（昭和30）年。初めは義太夫語りを目指したが、柳家三語楼《さんごろう》門下になり落語家に転向。大正の末に柳家権太楼と改め、一九二七（昭和2）年同名で真打ちに昇進する。

［＊13］三代目春風亭柳好（しゅんぷうてい・りゅうこう）。本名松本亀太郎、一八八八（明治21）〜一九五六（昭和31）年。二代目柳亭《りゅうてい》（のちの談洲楼《だんしゅうろう》）燕枝《えんし》に入門。その後燕雀、錦枝を経て、一九一七（大正6）年三代目春風亭柳好を襲名して真打ちに昇進。

第二章

「自我」は「非常識」をも凌駕《りようが》する

「自我」を発散する滑稽噺

常識に対する非常識を表現した噺《はなし》が「滑稽噺《こっけいばなし》」で、これをくどいが「業《ごう》の肯定」と言っていたが、最近になって〝それだけではない〟と考えるようになった。

「非常識」ではなくて、人間の奥底にある「なんともまとまらない部分」のすべて、これを私は「自我《じが》」と称《い》っているが、その自我の肯定が、〝人を殺しても構わない〟芸能、〝人を殴っても構わない〟スポーツではないか。

くどいが、人間は、生まれたときから周囲に〝作られて〟いく。「常識」を刷りこまれていく。その「常識」に抑えつけられているものが「自我」であり、人によっちゃあ、意識することすら恐ろしいこと。もちろん、口にもできないし、行動にも出せない。

つまり、〝意識している〟〝いない〟の違いはあっても、人間には、どうにも説明ができない〝気が狂っているのではないか〟としか思えないような自我がある。それは普段出てくると困るから、抑えて暮らしている。けど、抑えているだけで、消えているわけではない。それを肯定しているのが落語であろう。

私が称う「自我」は、「非常識」よりも凄《すご》い、いや、酷《ひど》いものだ。

私が高座《こうざ》で話しているような、拉致《らち》家族や皇族をはじめとするタブー噺は、「非常識」の範疇《はんちゆう》なのか、それとも「自我」の領域までいってしまうものなのか。

かつてこれらをマスコミで発言して、シャットアウトを食らったこともある。けど、高座で同じことを話せば、客はみな笑っている。ということは、「非常識」の範囲に収まるものなのだろう。

「自我」は、「非常識」を凌駕《りようが》する。

「尻《けつ》の穴に蚊取《かと》り線香《せんこう》を入れて、煙出しながら宮城《きゆうじよう》の周《まわ》りを走り、〝金正日《キムジヨンイル》、万歳《マンセイ》！〟と叫びたい」

なんというような衝動とでもいおうか。

これと、どっかでつながっているのが、一つには『あたま山《やま》』だろう。〝自分の頭に身を投げちゃう〟なんというのは、とてつもない発想である。

『粗忽長屋《そこつながや》』に『欠伸指南《あくびしなん》』もそこに入る。

『黄金餅《こがねもち》』や『らくだ』も、それに近い。

少なくも、『二十四孝《にじゅうしこう》』の、〝どうでえおっ嬶《か》ァ、俺がまじないをしたから、昨夜《ゆんべ》、蚊が一匹も出なかったろう〟〝何言ってやんだい。私が朝まで扇《あお》いでたんだ〟とは違う。

で、あんまり酷い自我が出てきそうになってやばくなると、私の場合は、落語の傘《かさ》ン中に入って、滑稽噺、非常識噺を演《や》る。〝ガス抜きでもある〟と言い訳しながらネ。

〝そのワンフレーズ〟のために

落語を作った人がそれを意識していたかどうかはわからないが、「自我」の集大成であるかのような落語のフレーズがある。

例えば『付《つ》き馬《うま》』で、

「だってあんた、〝おじさん、おじさん〟ったら、返事したじゃないか」

「だって俺、おじさんだもん。〝おばさん〟と言われりゃ返事しねえ」

このワンフレーズのために、あの落語を演《や》っていると言ってもいい。

『寝床《ねどこ》』では、豆腐屋《とうふや》の姿が見えないので、旦那《だんな》が「豆腐屋どうしたい？」と聞くと、宴会があって、がんもどきを大量に作らなければならなくなったという。

「がんもどきなぞは大変でございます。ええ。あれはいろ〳〵中へ入りまして、ま、人参《にんじん》なんぞ軟らかいから、ま、いいんですけど、ゴボウなんぞ硬《かと》ゥございますから、あれ、細かくこきまして、あいつを……」

「おい、誰が、がんもどきの製造法を言えと言った」

この一点に、かかってくる。

ところが、である。落語の核となる、〝そのフレーズ〟を飛ばして演るバカな噺家《はなしか》が増えている。

あろうことか、『二番煎じ《にばんせん》』に出てくる宗助《そうすけ》さんも飛ばして演る噺家がいるらしい。

寄席《よせ》文字の橘左近《たちばなさこん》が、毎年、「笑点《しょうてん》」のカレンダーを作っていて、それらに入れる文字を、落語の登場人物でやってみたらどうかという話になった。

いろ〳〵な名前を二人で挙げていったネ。二人とも落語通《つう》だから、次々と名前が出てきて、〝もうねえだろう〟となったが、しばらく考えて思い出した。

「あ、宗助さんを忘れてた」

「宗助さんを忘れちゃあいけませんよ」

そのくらい、「宗助さん」に惚《ほ》れている。

これを「落語通」と称《い》う。

ギャグを聞いて高笑いしたり、人情噺《にんじょうばなし》にグーッと引き込まれたりするのとは違うのだ。

『酢豆腐《すどうふ》』ン中で、

「さすが、すんつぁん」

「〝すんつぁん〟だって。私は〝しんちゃん〟てンだ」

『よかちょろ』で、

「〝しげちょろパッパ〟ってンで、これが四十五円」

そういうフレーズをお互いに確認しあっているときが、落語通にとっての「至福《しふく》のとき」なのだ。

だから落語通は、たとえ芸はセコくても、その一点があれば、その落語家を贔屓《ひいき》にした。

例えば可楽《からく》［＊14］が、男と女の噺をするときの枕《まくら》に、

「なかにはァ、〝女は大っ嫌いで、そばへ寄るのも汚《けが》らわしい〟なんという、もったいないことを言う方がいます。そういう人に限って、遊びに行くてえと、子供衆が大勢いたりなんかしてな。

〝ここにいる子供衆は、どこの？〟

〝どこの子って、うちの子です。私と内儀《かみ》さんとでこしらえて、えェ、誰にも手伝わさない。偉いでしょう〟

〝偉かァない〟」

「偉かァない」という、なんでもないこのワンフレーズが、落語通には堪《たま》らないのである。

自我を揺さぶられて落語通となる

落語ほど自我を肯定しているものはないよォー。で、落語によって自我を揺《ゆ》さぶられた奴《やつ》が、落語通となる。

自我を揺さぶるワンフレーズ、思いつくまま挙げてみる。

『強情灸《ごうじょうきゅう》』で、

「お前なんぞ、灸ゥ据《す》えてみろ。〝熱い〟って言って天井《てんじょう》破って、いなくなっちゃうよ」

『寝床《ねどこ》』で、

「それから番頭さんはどうしたんですか」

「ドイツへ行っちゃうらしい」

何だかわかんない。人によっちゃ、

八代目桂文楽

「カムチャッカで鮭《しゃけ》ェ捕《と》ってる」

これ、ムリすると無残《むざん》となる。

「ビンラディンと時々話すって本当かい？」

「電話だけだけどネ」

「彼、何処《どこ》にいる」

「下北沢《しもきたざわ》」

…………。

三語楼《さんごろう》の「ドイツへ行っちゃうらしい」を聴いたときは、客も噺家《はなしか》も驚いた。三語楼は時折、そのようなフレーズを走らせていたんだろう。

ことによったらそれは、金語楼《きんごろう》にもあったかもしれない。けど、私が金語楼のその部分を認めないのは、三語楼が粋《いき》であったのに対して、金語楼のそれは不快であったからだ。曰《いわ》ク、

「みなさん、禿《は》げましておめでとう」

五代目古今亭志ん生

冗談《じょうだん》言っちゃあ、いけねえよ。

芸は、「粋」と「不快」しかない。ドジは屁《へ》まで臭《くさ》い。

理解る人間だけが判る自我語

文楽《ぶんらく》の『酢豆腐』で、女にモテる奴《やつ》が、モテてることをのろけるところで、

「うふぅ〜ん」

「うなってやんな」

何ともいえない落語のフレーズ、それは落語家の了見《りょうけん》とセットになっている。つまり、文楽が演《や》るから面白いのであって、また文楽において完成されているのであって、別の落語家がそのままそっくり真似《まね》て演っても、面白くない。

とは言いながらも、満更《まんざら》そうではないと言えなくもない。文楽の了見の理解《わか》る落語家が演れば、文楽の了見に入ることができるだろう。

ナニ、それらは文楽だけに非《あら》ズで、志《し》ん生《しょう》、円生《えんしょう》、三木助《みきすけ》にもある。

三木助の『味噌蔵《みそぐら》』、

三代目桂三木助

「鯛《たい》なんぞ見たことがないんだ。鰯《いわし》しか知らないんだ、尾頭付《おかしら》きってえのは。婚礼の時もね、〝鰯でようがす〟って言うくらいなんだ。それを〝どうぞ〟っつうと、ああこれが鯛なんだ、高いだろうと思うと、〝うんう〜ん〟てンで、人事《じんじ》不《ふ》省《せい》に陥る」

その了見を理解する者にしか判《わか》らないフレーズ、それは自我語と言ってもいい。三木助の「人事不省」も、その範疇《はんちゅう》に入る。何？　人事不省の意味？　さァてなァ……。現在《いま》、これらを理解できる落語家は少ない。いや、いるのか。たとえ説明してやっても、「〝うふぅ〜ん〟〝うなってやんな〟って、どこがいいんですか」なんと逆襲されるのがオチである。

ほかに、馬風《ばふう》［＊15］の「痛《いて》えの痛くねえの」なんというフレーズが入ってくるかもしれないし、柳好《りゅうこう》の「一席申し上げますんで」ってのも入るだろう。柳好は全編、自我を入れ込むことができるかもしれない。

「電話がかかってますよ」

「〝もし〱、もし〱〟と言ってんだけど、誰だろう」

「〝もし〱〟ってンなら亀さんだろう」

くだらない噺《はなし》だが、場合によっちゃあ、全編、落語自我を入れ込むことができるの

六代目三遊亭円生

ではないか。『電車風景《でんしゃふうけい》』然《しか》り、『野晒《のざら》し』然り。

志ん生の「女郎買《じょうろか》いの決死隊《けっしたい》」も入るだろう。

「風切ってるが、寒くないか」

「いいよ、いくら冷えたって、向こうへ行きゃあ温《あ》ったため手がいらァ」

「おい、驚いたね。女郎買《か》いの決死隊だね、おい」

これらのフレーズ、語り出したらキリがない。落語自我の理解る人間を集めたら、これらを肴《さかな》に、一晩中飲み明かすことができる。

「これですよ、これ、これ。落語はこれがなきゃいけませんよ」とネ。

落語自我の理解る人間は、旧来の落語通、または落語評論家と称する連中とは別物だ。おそらく、久保田万太郎《くぼたまんたろう》［＊16］には理解らないだろう。安藤鶴夫《あんどうつるお》［＊17］にも理解らないだろう。

ついでに言っとくと、この種の輩《やから》が落語を沢山《たくさん》聴いた上でものを言っていたかというと、疑問である。自己に酔って評論していただけではないかネ。結果的には、落語

五代目柳家小さん

を踏み台にして文壇に出ていってるしネ。

「非常識」の上に位置するものだ。

教わるものではなく〝感じる〟もの

「自我」を突き詰めると「狂気」となる。だから狂気もまた、「非常識」の上に位置するものだ。

「俺にも理解《わか》るよな」と他の人間も思うのが「非常識」だが、「狂気」になると、理解るまい。人を殺したり自殺したりする行為は極端な例だが、そこまでいかなくとも、畑の中だろうが、道端だろうが、何処《どこ》であろうが、平気で寝る。あるいは、「そんなことは人前で言えるはずがない」ということに、「言えるよ、俺は」と言える。それらが私にはある。

で、落語イリュージョンと狂気、これらは、つながったりつながらなかったりする。ただし、狂気というものは、恐ろしかったりもするが、伝えることはできる。例えば、「あの野郎を殺してやりたい」と第三者に言うことができる。

けど、イリュージョンは伝わらない。イリュージョンは、理解る人が〝感じる〟ものなのだ。

八代目三笑亭可楽

したがって、教えることもできない。例えば、

「山の山奥の奥のずっと奥のところでもって、気息奄奄《きそくえんえん》、ウワバミが言ったそうで、

〝人間は狸《たぬき》だ〟」

言葉や発声として、教えることはできる。けど、そのまま演《や》っても、面白くも何ともない。権太楼《ごんたろう》のフレーズも含め、それは演者とセットになっているものであり、とても教えられるものではない。

イリュージョンを理解し、感じることができる落語家だけが演じられる世界ということだ。

ガス抜きとしてのタブーやぶり

のちに食い物の本を書くようになった落語好きの山本益博《やまもとますひろ》が、「何か事件があると、師匠を聴きに寄席《よせ》に行ったもんだ」と言っていた。〝談志なら、何と言うか〟と。私が寄席に出ていた頃のことである。

そのときに起こった事件をジョークにしたり、漫談にしたり、枕《まくら》にしたりする落語家は、当時、ほかにいなかった。しかも寄席はテレビと違って、タブーがないから、

三代目春風亭柳好

自由に喋《しゃべ》る。曰《いわ》ク、被害者や身体障害者や皇室をもネタにする。

世間様からすれば、〝ま〜なんて非道《ひど》いことを言うの〟〝なんて不謹慎な〟であったろうが、それをわざ〳〵聞きに来る奴《やつ》が大勢いたということった。いや、現在《いま》でも大勢いる。

要は、人として「言ってはいけないこと」「言いたくても言えないこと」を談志が代弁しているのだ。客にしてみれば、ガス抜きとなる。

で、このタブーをやぶる話と、もう一つ、談志には「裏表逆論」があって、これがまた受ける。

「大学の裏口入学で早稲田《わせだ》の伝統を汚《けが》した？　汚したんじゃない、守っただけの話じゃねえか、バカヤロウ」

大学も企業だから、金をたくさん持った親が来て、

「どうだ、困ってんなら、ひとつ、うちのこの倅《せがれ》ェ入れろ」

大学は大学で、

「お前《ま》ェンとこのバカ、まともじゃ入《へ》えれねんだろ？　銭《ぜぜ》こ持ってこ。裏から入れて

やるから」

これ、お互いの利害が一致している。だから、裏口入学はなくなるわけがない。むしろ問題は、金を貰《もら》っておいて裏から入れることのほうじゃないか。それは失礼じゃないか。

あんた方、どう思う？　金ェ払ったのに、〝裏の路地《ろじ》から入ってこい〟なんて言われたら。

金を払った奴だけを堂々と表から入れて、いい席を用意して、払った金額を書いて貼《は》っておいたらいい。

誰それ一千万、誰それ五百万、四百万、三百万、二百万、十万、五万。最後ンなると清酒二本なんていうのがあったりなんかして、祭りの屋台《やたい》だね、こりゃ。

それじゃあ、本当に頭がよくて、勉強したいけど金がねえ奴はどうしたらいい？

そいつこそ裏から、そっと入れてやりゃあいいじゃないか。そっとネ。

「お金は払わなくてもいいから、こそっと裏から入れ。その代わり、一所懸命に学問をせェよ」とネ。

ずいぶん前のことだが、アメリカの原子力空母エンタープライズが佐世保《させぼ》に入港して騒動になって、そのあと、ちょうど家元が国会議員をやってたときに、「ラロック証言」が出た。その騒動を歌舞伎《かぶき》の『勧進帳《かんじんちょう》』にして漫談にして演《や》ったっけ。

安宅《あたか》の関《せき》（佐世保）に、弁慶《べんけい》（エンタープライズ）が義経《よしつね》（核《かく》）を連れて入ってきた。で、その関守《せきもり》（外務大臣）の富樫《とがし》（宮沢喜一《みやざわきいち》）は、通るなら構わないと言っとると。

これを国会へ行くとォ、

「委員長、あれは、核は積んでいなかったんでしょうね」

と、社会党だ。

「積んでおりません」

「〃積んでおりません〃というのは、何を基準に言っとるんですか」

「いや、アメリカが〃積んでない〃と言ってるから、積んでません」

「そんなバカな答弁があるか、ええ？　日本はそれを調べる……」

「いや、でも、安保《あんぽ》を通じてお互いに信用しているんで、向こうが〃ない〃と言ってるんだから、それは〃ない〃と承諾すべきです」

「本気で言ってんのか、おい。バーやキャバレーの会話じゃないぞ。国民の代表、一票の集大成をもって聞いてるんだぞ、代表として。ラロック証言をどう思うんだ。ラロックという元海軍少将が〝積んでる〟と証言してるじゃないか。どうなんだ、これ。ちゃんと答弁しろ、答弁を」

「困りましたね、これはどうも。総理、これ、あの、ほんとのこと言っていいですか？」

「うん、いい」

「えーお答えします。積んでおります」

「積んでないって言ったじゃないか」

「嘘《うそ》をついたんです」

「何で嘘つくんだ」

「まさかあんた、本気で聞いてると思わないもん」

「何だ、〝本気で聞いてるとは思わない〟とは」

「あなたねえ、エンタープライズってのは原子力空母ですよ、ええ？　それが核を積んでないわけがないじゃないですか、あんた。あんた、本気で積んでないと思ってんですか」

「いやァ、そんなこと言っちゃいねえ、けしからんよ」

「ええ、けしからんですよ」

「非核三原則に反する」

「反するもいいところで」

「〝いいところ〟だって？　そんなもの、通すな」

「あんた、まさか、本気で〝積んでない〟と思ってたんですか？　ま、いいですよ。あなたの言うことを取り上げて、取っ払いましょう。寄せつけないようにしましょう。でもね、そのときに、向こうが素直に聞けばいいですけども、ダメだと言ったときにどうすんですか？　アメリカと戦争するんですか？　やるだけの勇気があるんですか？　どうなんだッ！」

そう言われた社会党は、

「いや〳〵、そう興奮しちゃいけないですよ。実はまあ、選挙民のために、ちょいと花火を上げただけなんでして……。何なら今晩一杯」

こうなるに決まってるのだ。

入ってきてるってことをみんな知ってるけども、日本人は言わない。富樫ンところに義経がいることは判っているが、客席から、「義経があそこにいるぞー」と言う奴はいない。弁慶と富樫の腹芸《はらげい》をじーっと見てる。そういう国民なのだ。

と、まあ、そういう「日本教」をネタにした枕を漫談風にずいぶん演った。いまでこそ、時事ネタを枕で演る落語家が結構いるらしいが、当時は私くらいであった。だからファンは喜んだ。

これも「ガス抜き」である。

おっと、時事ネタを枕で演る落語家に、鈴々舎馬風《れいれいしゃばふう》（九代目）がいた。一つ、二つ、例を挙げておく。

「近頃、いろんな事件があるよ、ねえ。車が店ェ突っ込んできて、店ェ壊して奥まで入ってきて、夫婦が寝てた、それを轢《ひ》いちゃった。これ、ばか〱しくて、話ができないよ」

「何処《どこ》で轢かれたんですか」

「布団《ふとん》にくるまってて轢かれた。いまに二階へ上がってくるよ、こいつら」

「なかには、気に入らない亭主だからってンで、女房が薪割《まきわ》りで割ったっていうんだけどねえ」

「よせよ、おい。亭主なんてえのは、薪割りで割るべき性質のもんじゃねえよ。割る奴はいいけど、割られる奴の身ンなってみろ。痛《いて》えの痛くねえのって」

〝痛えの痛くねえのって〟というこのフレーズは堪《たま》らない。馬風の枕は、じつに面白かった。こんなセンスを持っている落語家はほかにいなかった。

「私が出ると、場内がパッと明るくなったような気がします」

というのは、金馬《きんば》［＊18］師匠（もちろん先代だ）の枕。この師匠は禿《は》げていたからだが、ま、そんな程度であった。つまらない。

三語楼の二人の弟子

柳家権太楼《やなぎやごんたろう》は、大正のモダン、「爆笑王」と称《い》われた人気者、柳家三語楼《さんごろう》の弟子である。この師匠の弟子にはほかに、志ん生、三味線《しゃみせん》漫談というか「粋曲《すいきょく》」とも番板《ばんいた》に書かれた柳家三亀松《みきまつ》［＊19］がいる。

権太楼の音は結構残っていて、現在《いま》聴いてもちゃんと聴ける。聴けるどころか面白い。


本格派が持て囃《はや》されていた時代、志ん生、権太楼は糾弾《きゅうだん》を受けたのだろう。結果、権太楼は、「安藤鶴夫《あんつるお》、お前のような三流芸人の倅《せがれ》に、俺の芸が理解《わか》ってたまるか」と言ったというエピソードがある。安鶴怒《おこ》って、「うちの親父《おやじ》は三流ではない」と言った。全然すり合わない論理である。

おっと、このことは過去の本にも書いた。けど、ここでも書く。

で、四代目小《こ》さん［＊20］をして、「権太楼が悪い」と言わしめた。「三流」と言ったことが悪いということなんだろう。大きなお世話である。

もし俺がそこにいたら、権太楼の肩を持って、いや、己《おのれ》の落語論を掲《かか》げて、完膚《かんぷ》なきまでにやっつけてやる。俺がいなかったことをありがたいと思えと、この文士どもに伝えたい。

安鶴は、のちに、「私は〝もしほ〟（先代《せんだい》の勘三郎《かんざぶろう》）と〝志ん生〟は見損《みそこ》なった」と言ったというが、権太楼までは解《わか》らなかった。で許さなかったのだ。

理由《わけ》は簡単、落語をなァんにも理解《わか》っちゃいなかったのだ。

三語楼の三人の弟子、金語楼、権太楼、志ん生。師匠が死んで、バラ〳〵になった。それでも権太楼は最後まで、三語楼の芸に食らいついていた気配がある。けど、志ん生は、いいとこ取りをして、向こう側、つまり落語協会へ行ってしまった。テレビやラジオによく出るようになった金語楼は後年、自分で「逃げた」と書いている。

〝三語楼にはとても敵《かな》わない〟という部分もあったろう。

金語楼。

「おい、なんか落としたのか？　なんか探してんのか？」

「うーん、財布《さいふ》をね……」

「落としたのか？」

「いや、落ちてないかと」

「お父さん、お父さんを見ると、とても他人とは思えない」

「当たり前だ」

「鉄砲担《てっぽうかつ》いで鳥を撃《う》ちに行ったら、いわゆるその道の言葉で〝坊主《ぼうず》〟。田舎道《いなかみち》を引き揚《あ》げてきたら、そこで地元の人たちが、釣《つ》り上げたか、網で取ったか、魚籠《びく》に大きい川魚を入れてやってきた。

〝おお、これ持ってけや〟

と言って、くれたという。

〝これはみっともないですよ。鉄砲担いで、魚籠に入った鯉《こい》とか鮒《ふな》とか持って〟」

次は権太楼。

「本当の剣術《けんじゅつ》になると、真剣勝負は、エイヤー、チャリンなんという、ああいう映画みたいなことはできない。

一対一の真剣勝負ンなると、じっと刀を構えて、相手も向こうで構えてる。その間が二間《にけん》ぐらいあったりなんかしてな。それでもじーっと構えて、その間を自転車が通ったりなんかしましてな」

次は、同じく権太楼の『猫《ねこ》と金魚《きんぎょ》』。漫画「のらくろ」の田河水泡《たがわすいほう》が高沢路亭《たかざわろてい》の名で作ったとされている。けど、この中に流れる自我は落語家のものだ。それが証拠に、高沢氏が演《や》っても面白くない。

「番頭さん、金魚どうしたよ」

「私、食べませんよ」

「誰が食べたっつったよ。隣の猫が食べたんだろォ」

「隣の猫が食べて、何で私が謝《あやま》らなきゃなんないんですか」

「それが強情なんだよ、ええ?」

「そいじゃあ私が、隣に、文句言ったらどうでしょう」

「文句言ったって、近所の家だからね、お互いにいざこざ起こしたくないから」

「ああそうですか。そいじゃあ、例えばですね、うちの金魚が隣の旦那《だんな》を食べて……」

「お前はねえ、どうしてそういう話にするの。だから金魚を、隣の猫の取らないようなところへ置きなさい、と言ってるんだよ」

「向こうのお風呂屋《ふろや》の煙突の上ェ置いたらどうです？」

「私は金魚を見て楽しむんですよ。煙突の上だったら、見えないでしょ」

「望遠鏡で見たらいいでしょう」

「あ、けん坊《ぼう》、いいとこへ帰ってきた。いまお父《とつ》つぁん帰ってきたから、一緒にお湯行っといで」

「嫌《や》だい、嫌だい。お父つぁんとお風呂へ行くくらいなら、死んじゃったほうがいいや」

「あれ〳〵、とんでもねえこと言いやがる」

これは『堀《ほり》の内《うち》』。

「番頭、金返せ」

「何ですか」

「風呂ン中で褌《ふんどし》洗ってる奴《やつ》がいるよォ。身体《からだ》清めに来て汚れたら、なんにもならねえから、ほか行って清めんだから、返しな」

「だけど、一旦《いったん》あなた、入って……」

「嫌《いや》ならよしな。方々《ほうぼう》行って喋《しゃべ》るから。〝あそこの湯《ゆ》ゥ屋《や》は褌洗ってンだから、侍《さむらい》が〟ってね」

「しょうがないねえ。じゃ、大きな声は出さないで。はい、じゃ」

「俺にも返しな」

「ほォーら、こういうことンなるじゃない」

「あたしにも返して、あたし」

「あなた、まだもらってませんよ」

さあ、ここからだ。

「じゃ何かァ？　払ってない奴には返さないって言うのか？」

これなのだ、権太楼は。家元、このセンスがこよなく好きだ。

で、これらは三語楼からきているのではないかと考え始めた昨今。それについては、後の章で書く。

イリュージョンから狂気へ

権太楼は晩年、言うこと、やることがおかしくなって、楽屋の悪口は〝脳梅《のうばい》だ〟。けど、そうではなくて、イリュージョンを突き詰めておかしくなってしまったのではないか。これが芸術家の末路というか、行き着くところまで行き着いてしまった気がする。

そういう末路をたどった落語家はほかにもいる。明治時代の蝶花楼馬楽《ちょうかろうばらく》［＊21］である。馬楽については、過去にも書いているが、最近になってます〳〵身近に思えてきた。ということは、私自身が狂ってきた、ということった。

馬楽のことは、作家の吉井勇《よしいいさむ》が戯曲や小説の形にして書いている。馬楽が俳句をやっていたからだろうか、馬楽を「俳諧亭句楽《はいかいていくらく》」という名の主人公にして、曰《いわ》ク、「狂《きょう》芸人《げいにん》」「髑髏舞《どくろまい》」「俳諧亭句楽の死」「師走空《しわすぞら》」。句楽自身が書いた日記のように作り上げた「句楽の日記」、句楽が手紙を書いたスタイルにした「句楽の手紙」なんという作品もある。

　ちなみに馬楽自身は字が書けなかったらしい。「清正《きよまさ》、蔚山《ウルサン》にこもる」からもじって、「〝弥太郎《やたろう》、二階にこもる〟って書いて貼《は》っといてくれ」と馬楽が大家《おおや》に頼んだ、という逸話《いつわ》が残っている。だから「日記」も「手紙」も創作なのだが、生前の馬楽をよく知る吉井勇が書いているわけだから、その狂気がどんなものであったかを知ることができる。

　馬楽は本名、本間《ほんま》弥太郎。「気狂い馬楽」「弥太《やた》っ平《ぺ》馬楽」と呼ばれた。晩年は、精神病院に入ったり出たりを繰り返していた。で、吉井先生の句楽は、精神病院のことを「西洋館」と呼んでいる。

「句楽の手紙」には、〝グランド将軍から手紙が届いた〟とか、〝今朝海老蔵《けさえびぞう》に会ったがあれは贋《にせ》もの〟なんということが書かれているし、

「旦那《だんな》、狂人の天下になると面白うがすぜ。大臣も狂人なりゃ巡査も狂人さ。無論《むろん》落

語家も狂人なんだから、あたしなんか素晴らしい人気ですぜ。旦那、早く狂人におなんなせえ」

「兎《と》に角《かく》、旦那、狂人の天下になったら、句楽の天下も同じことですぜ。面白《おもし》れえ、面白れえ」

とサ。

「人間の魂《たましい》ってやつは、ずいぶん大小がありますけれど、まあ大きくって碁石《ごいし》位、中には見えねえように小《ちい》せえのがありますよ」

「みんな硝子《ビードロ》で出来ているんだから堪《たま》りませんや。中にはずいぶん壊れるやつがあると見えて、往来を歩いていると時々、魂の粉だらけのところに打衝《ぶつ》かることがありますよ。

そう云《い》う時には気を付けなくちゃあいけませんぜ。うっかり他人の魂の粉を吸い込んで御覧なせえ。それこそ飛んだことになりますから。

人殺し、放火《つけび》、あれはみんなこの他人の魂の粉を吸い込んだ奴《やつ》のすることなんですぜ。何しろ酒に酔っ払ったような具合になるんだから恐ろしゅうござんすよ」

これは「師走空」。

吉井勇という仲介者がいて書かれているから、馬楽の言ったことがそのままではないかもしれない。けど、「狂気」ということを出しながら、人間の本性を書いていると感じる。

「句楽の日記」は、精神病院を出てから死ぬまでの二ヵ月の日記だそうだ。で、吉井先生は、句楽（馬楽）に、こんなことを言わせている。

「一人で寝ながらじっと枕元《まくらもと》の蠟燭《ろうそく》の灯《ひ》を見つめていると、何だかぽろぽろ涙が零《こぼ》れる。そして、これまで己《おのれ》のして来た事が、何だか悪い事でもして来たように妙に思い出されて仕方がない」

こないだ自分で……、てのは、俺様のことだ。落語立川流家元立川談志。で、蠟燭の炎を見ていたわけではないが、部屋のなかでじぃーっと一人でいたら、句楽と同じようになってきた。ま、「同じように」ってことは、同じではないのだが。

落語を突き詰め、自分を追い込む

自殺した桂枝雀《かつらしじやく》は、ことによると家元と似ている部分があるかもしれない。枝雀の小噺《こばなし》というかジョークに、

「おお、定期券が落ちてやがった。あれ？　何も書いてねえぞ、これ。どこからどこ、とか、名前とか。……？　俺、何でこれ定期券だと思ったのかな」

ってとこは、似ている。わかるゥー？

あるときから、藤山寛美《ふじやまかんび》と円菊《えんぎく》を真似《まね》した芸を演《や》るようになった。つまり、それまでの落語と違う、「や〜ら〜ら〜、枝雀でございます」を演っていたのだが、それに対する不快もあったろう。いや、「受けるために演った」と枝雀は言っているが、ことによると、発狂しないために演っていたのかもしれない。

師匠の米朝《べいちよう》さんによれば、「枝雀はキミと話したがってましたよ」と言うが、実際、私がそばに行くと、すっと逃げたりしていた。

いずれにしても、だ。落語というものは、そういうものだ。って言っても、判《わか》らないよネ。

つまり、落語を突き詰めていくと、自分自身を追い込んでいく。で、行っちゃう。現在《いま》の私の場合は、それだけでなく、老いというものがある。人に姿をさらす稼《か》

業《ぎょう》なのに、瘦《や》せてきて、シミだらけになってくる。もうイヤだ。で、毎度言う、いま楽に死ねる薬があったら飲むネ、と相成《あいな》り候《そうろう》。

ま、世間からすれば、〝文学で自殺するなら理解《わか》るが、落語ごときでなぜ自殺するんだ〟ってことなんだろうなあ。判らねえだろうなあ……。

永遠に安定しない談志の自我

人間は、何処《どっ》かに「帰属」しなければ生きていけない。国家に帰属し、会社に帰属し、家族に帰属し、宗教団体に帰属し、暴走族に帰属し、協会に帰属し、立川流に帰属する。帰属することによって、気持ちが安定する。

帰属する先は、なんでもいい。酒飲み仲間でもいい。

「彼は仕事熱心であって、お酒が好きで、だけど、飲むと結構きついことを言うんですよ」

なんぞと言いながら、安定するわけだ。

で、落語家は落語に帰属して、落語協会や落語芸術協会に帰属しているわけだが、この俺様はいったいどこに帰属しているのかといえば、「立川談志」に帰属している。

勿論《もちろん》、自我を発散するときは、落語に帰属して逃げるなんということもしているがネ。けど、基本は「立川談志」、つまり自分に帰属しているのだから、始末が悪い。行き着くところがない、安定がない。落語に帰属することで満足してりゃあいいものを、それができない。

結果、自分の演《や》る落語にも飽きてきて、世に言う「談志教」の信者である観客にも飽きてきて、つねに挑戦していなければおさまらない。

しかも、評価は観客が下《くだ》すのではなくて、談志《わたし》が下す。観客はそれらも含めて、談志の落語を聴きに来ているという事実はあるが、〝談志は変わった〟なんぞと言いながら離れていく観客もいる。

ま、それでも、落語家としての「常識」というもので揺り戻してバランスをとりながら演っているというのが、現在《いま》の立川談志というこった。けど、本人は永遠に安定しないから、狂いそうになる。いや、もう狂っている。

「オイ、お前ンとこの縁《えん》の下に飼ってたキリン、どしたい」

「家出をしちゃった」

「何で」

「GIANTSに入りたかったみたいだったネ」

「で、何処《どこ》ォ行ったのかネ」

「納豆《なっとう》買って地下鉄の入り口にいたのを見た奴《やつ》がいたそうだがネ。そのあとは……」

「フロリダかなァ。養老《ようろう》の滝《たき》かもしれないよ」

「自衛隊に頼もうかと考えてるんだがネ」

「いや、鰻丼《うなどん》か接着剤か、トロフィか。蚊取り線香のほうが効《き》くネ」

「してみりゃ、金正日万歳《キムジョンイルマンセイ》だろうなァ」

やがて、ここまでくるかネ。

立川談志、これらも演るが、何だか判《わか》んない調子で、〝えー、へがビィ……となって……〟と気《け》だるく喋《しゃべ》りたいのであります。

〝ワカルゥ?〟〝ワカンナーイ〟

「夕立《ゆうだ》ちやセントヘルムの灯《ひ》が近い」

「谷底に響け我らのクリスマス」

「抱いて眠る釣《つ》り竿《ざお》二本夕涼《ゆうすず》み」

落語の自我と談志の自我

落語のもつ非常識、自我。これが俺様の非常識と自我に一致して、今日に至っているのかもしれない。この世界に入ったのはガキの頃だから、そんなことを意識するはずもない。けど、子供ながらも、どっかに〝共感〟するものがあったのだろう。

ガキの頃は、一般的に考えていたから、〝寄席の持つ伝統の美学、寄席や落語家の持つ独特の雰囲気に惚《ほ》れて入った〟と自分で思い込んでいたのか。

すべては後になってから判《わか》ったことだ。落語家になってしばらくしてから、ふと思ったネ。

「俺は、落語をやっていなかったら、浮浪者か、よくて映画監督か、コックか中間《ちゆうげん》か、そんなもんじゃなかったか」

で、私生活でもいい女房に当たったから家族があるけれども、落語も女房もなかったら、世の中からドロップアウトしていただろう。

でネ、若い奴《やつ》が談志の落語を聴きに来るというのは、どういうことか。彼らの中に、ガキの頃の俺が無意識のうちに落語に〝共感〟したのと同じようなものが、あるんじゃないか。

暴走族になるのも、談志の自我や狂気を聴きに来るのも一緒で、これも「帰属」か。

難を言えば、ファンはもっとその落語のその状態を楽しんでいたいのに、さっさと次の段階、次の落語を求めて行動を起こす。ファンは嫌がるだろう。下手《へた》ァすると未完成で終わる。イリュージョン芸のプロセスを楽しむしか手はなくなってくる。

当たり前でさァ。万度《ばんたび》できりゃァ世話ァない。

けど、けどネ、それにしても多いよ。この際、我《わ》が輩《はい》が創《つく》った内容、落《さ》げを書いといてやる。と思ったが、〝それは別の本にしたい〟と出版社が言っているので、またの機会となる。

［＊14］八代目三笑亭可楽（さんしょうてい・からく）。本名麴地元吉、一八九八（明治31）～一九六四（昭和39）年。一九一五（大正4）年初代三遊亭円右《さんゆうていえんう》に入門。七代目翁《おきな》家《や》さん馬《ば》（のちの八代目桂文治《かつらぶんじ》）門下に移り、翁家馬之助《うまのすけ》で真打ちに昇進。その後六代目春風亭柳枝《しゅんぷうていりゅうし》門下を経て、五代目柳亭左楽《りゅうていさらく》門下で一九四〇（昭和15）年六代目春風亭小柳枝《こりゅうし》に。一九四六（昭和21）年に八代目三笑亭可楽を襲名する。

［＊15］九代目鈴々舎馬風（れいれいしゃ・ばふう）。本名色川清太郎、一九〇四（明治37）～一九六三（昭和38）年。一九二一（大正10）年六代目金原亭馬生《きんげんていばしょう》（のちの四代目古《こ》今亭志ん生《こんていしんしょう》）に入門、金原亭馬治《うまじ》。一九二六（大正15）年師匠の志ん生が亡くなり、四代目蝶花楼馬楽《ちょうかろうばらく》（のちの四代目柳家小さん《やなぎやこ》）門下となる。一九二七（昭和2）年鈴々舎馬風を襲名して真打ちに昇進。

［＊16］久保田万太郎（くぼた・まんたろう）。一八八九（明治22）～一九六三（昭和38）年。小説家、劇作家、俳人。東京・浅草生まれで下町情趣を描いた作風で知られ、また演劇界のボスともいわれた。

［＊17］安藤鶴夫（あんどう・つるお）。本名花島鶴夫、一九〇八（明治41）～一九六九

（昭和44）年。小説家、落語・歌舞伎評論家。一九六三（昭和38）年『巷談本牧亭《こうだんほんもくてい》』で直木賞を受賞。著作に『寄席紳士録』『わが落語鑑賞』『三木助《みきすけ》歳時記』などがある。

［＊18］三代目三遊亭金馬（さんゆうてい・きんば）。本名加藤専太郎、一八九四（明治27）〜一九六四（昭和39）年。最初は講釈師を目指したが、一九一三（大正2）年初代三《さん》遊亭円歌《ゆうていえんか》に入門し落語家に転向、三遊亭歌笑《かしょう》で二つ目に。一九一九（大正8）年円洲《えんしゅう》となり、一九二〇（大正9）年真打ちに昇進。一九二六（大正15）年三代目三遊亭金馬を襲名する。

［＊19］柳家三亀松（やなぎや・みきまつ）。本名伊藤亀太郎、一九〇一（明治34）〜一九六八（昭和43）年。一九二五（大正14）年初代柳家三語楼《さんごろう》門下となり、柳家三亀松を名乗る。都々逸、新内、声色、形態模写と漫談を組み合わせた独特の芸で知られ、人気があった。

［＊20］四代目柳家小さん（やなぎや・こさん）。本名大野のち平山菊松、一八八八（明治21）〜一九四七（昭和22）年。一九〇六（明治39）年三代目柳家小さんに入門、小菊《こぎく》を名乗る。一九〇八（明治41）年小《こ》きんと改め二つ目、一九一六（大正5）年小三治《こさんじ》で真打ち

に昇進。四代目蝶花楼馬楽《ちょうかろうばらく》を経て、一九二八（昭和3）年四代目柳家小さんを襲名する。

［＊21］三代目蝶花楼馬楽（ちょうかろう・ばらく）。本名本間弥太郎、一八六四（元治元）～一九一四（大正3）年。一八八八（明治21）年三代目春風亭柳枝《しゅんぷうていりゅうし》に入門。三代目柳家小《やなぎやこ》さん門下に移り、一八九八（明治31）年三代目蝶花楼馬楽を襲名する。一九〇五（明治38）年真打ちに昇進。晩年に精神を病んだところから「気狂い馬楽」といわれた。

第三章

〝それ〟を落語家が捨てるのか

軽蔑の言葉にもなる「上手い」

「上手《うま》い芸」とは何なんだろう。

絵など見て、「これは上手いね」と言うのは、何を基準にしてのことなのか。場合によっちゃあ、〝上手い〟は軽蔑《けいべつ》の言葉にもなる。〝上手い〟なんという言葉で表すべきものでなく、もっと〳〵上にある創造物がこの世にはある。

「上手い芸」かどうかを言うときに、それに興味を持つ人たちの共通の物差しがあるのか。あるだろう。しかし、物差しは時代とともに変わってくるし、人によってさま〴〵である。だが、自分の物差しよりも〝時代〟や〝世間〟の物差しのほうが強いと、人前では言いたいことも言えない。

で、悔しい思いをして、陰でこっそり、「俺は、本当は、あいつよりこいつのほうが上手いと思うがね」などと言ったりする。

じゃあ、時代々々で〝上手さ〟を測る尺度は変わってくるのか。

「上手いのはいるけど、名人は出ませんよ」

これ、二代ぐらいにわたって聞いたような気がする。つまり、いつの時代も同じことを言ってきたのか。

八代目桂文治《かつらぶんじ》［＊22］が「名人は、もういませんよ」と言っているのを、「（徳川《とくがわ》）夢《む》声《せい》の問答有用《もんどうゆうよう》」という雑誌の対談で読んだときに、〝あれっ、なら桂文治は名人なのかな〟という疑問を子供心に感じたことを覚えている。

その後、少しばかり大人になってから、「人物を表現することに絞《しぼ》れば、八代目文治は〝名人である〟と自負していいかもしれない」と思ったりもした。

話は飛ぶが、その頃の私の知人に、浅草馬道《あさくさうまみち》に住んでいる披露目屋《ひろめや》がいた。広告屋の始祖というか元祖で、ちんどん屋も兼ねたような、流行《はや》りの稼業《かぎょう》であった。

その御仁《ごじん》に、談志が聞いた。

「ずばり言うと、馬《うま》の助《すけ》［＊23］ってのは〝上手い〟っていわれてるけど、どうなの？」

「じゃ、行こう、一緒に聴きに」

で、二人で客席に座って聴いたが、二、三語だけ聴いて、〝あ、ダメだ、こりゃあ〟と彼は言っていた。馬さんには申し訳ないけど、当たっている。勿論《もちろん》、馬の助のファンはいるし、セコくはないし、それなりのレベルではあるのだ。けど、〝ダメだ〟っていうのもよォーく判《わか》る。

古典落語を師匠そっくりに演じた場合、〝上手い〟と言うのか。そっくりにやれれば、そこ〳〵上手いと言える。だが、できまい。円生《えんしょう》そっくりの『包丁《ほうちょう》』を『三十石《さんじっこく》』を、『札所《ふだしょ》の霊験《れいげん》』を。絶対にできない。

うちの弟子なぞも私のネタを演《や》っているが、私とは違う。それでも、師匠を真似《まね》る分、落語の伝統に則《のっと》ることができる。そうすれば、非常に無責任な、感覚だけの会話の中では「ああ、あれね。あれは上手いよ」などと評価されるレベルにまではいくであろう。

それを〝伝統〟と言っていいものなのか。〝いけない〟とは言わない。けどネ……。

どこが上手いのか判らない

で、昭和の時代、〝最も上手《うま》い〟とされた桂文楽《かつらぶんらく》。イヨッ、上手いっ。当人が言う如《ごと》く、無駄《むだ》を取ってく、取った末の作品が、あの宝玉《ほうぎょく》のような十数編であるという。〝私は何を演《や》っても名人です〟てなことを、憚《はばか》りなく言った、というエピソードが残っている。

おっと、思い出した。文楽師匠が「円生は無駄ばかりです」と言ったのだ。これについては〝冗談言うな〟である。

円生師匠の凄《すご》さをなんと言おう。正確さ、ルーズさ、迷い、それらをひっくるめて、名人なのだ。〝ひっくるめて〟とは、つまり家元談志が分解の上で言えることであり、一般の落語ファンにとっては、〝恍惚《こうこつ》の世界に入っていくような名人芸〟であった。どう逆立《さかだ》ちしても、文楽師匠に『札所の霊験』はできない、『三十石』もできない。ま、これも棚上げしておいて……。

文楽師匠は、嫌《いや》みはないが、変な声を時々出していた。だから、文楽師匠の噺《はなし》を演ると、余分なことを逆に沢山《たくさん》入れなきゃならないという、一つのジレンマとは言わないまでも、勉強課題がそこに残ってくる。

おっと、また思い出した。その文楽師匠が安藤鶴夫《あんどうつるお》と対談しているテープがある。

そのなかで文楽師匠が、金原亭馬生《きんげんていばしょう》[＊24]、鶴本《つるもと》の馬生、惚《ほ》れた馬生、女を取られた馬生……大きなお世話か。

でー、この馬生の無駄論を喋《しゃべ》っているときに、安鶴《あんつる》が話を割って入ってきて手前《てめ》ェが喋ってやがる。これ聴いて、腹が立ったね。文楽師匠の「無駄論」を深く聞けるチャンスだったのに、安鶴のバカヤロウがそれを邪魔《じゃま》した。もったいないことをしたものだ。落語における「無駄」について、文楽師匠の口からもっと〳〵深く具体的に聞きたかった。

また話を戻す。話を戻すのは、これで何度目かネ。困ったもんだ。で、「上手い芸」の話だ。

当時、つまり昭和の落語の黄金期だ、その当時に「魚見立て」というお遊びがあって、金馬《きんば》は「鯛《たい》」、〝立派だけど、骨が多くてね〟。円生は「鮎《あゆ》」、〝あの颯爽《さっそう》とした姿をごらんなさい。食《く》って旨《うま》いかって？　さァーね〟。

円生師匠自身も、自伝にこのフレーズを書いている。〝噺《はなし》が上手かった〟ということより、〝颯爽とした〟という部分を書きたかったのだろう。

人形町末広の楽屋、1954（昭和 29）年。左から二代目桂右女助（のちの六代目三升家小勝）、八代目桂文楽、漫才の東喜美江、八代目春風亭柳枝。いちばん右は、太神楽の丸一（鏡）小仙だろう

桂文楽は「鰹《かつお》」で、〝これを食わねば江戸っ子の恥〟。でネ、家元はネ、文楽師匠の録音を聴いても、どこが上手いのか判《わか》らない。もちろん、下手《へた》ではない。「落語の世界」というものがあって、その世界を描写するのは上手い。けど、それ以上は私には判らない。

志ん朝の『火焔太鼓』、文句なし

暮れにテレビを見ていたら、現在《いま》の芸人と昔の芸人の録画とをミックスして構成している番組をやっていた。見たのは途中からであったが、昔の録画に〝その頃の芸人〟が大勢出ていた。てんや・わんや、千夜《せんや》・一夜《いちや》、天才・秀才、W《ダブル》けんじ……みんな〝上手《うま》く〟演《や》っている。

けど、面白くない。当時は〝粋《いき》〟であった、あの早野凡平《はやのぼんぺい》の芸さえも、粋には感じない。〝一人の芸人である〟という事実しか感じなかった。放送した録画が悪かったのだろうか、もっといい録画がほかにあるのだろうか。

最後に志《し》ん朝《ちょう》［*25］が出た。助かった。

人形町末広、1954（昭和 29）年

『火焔太鼓《かえんだいこ》』を演っている。涙が出てきた。

志ん朝、助かったよ、これが落語なんだ。これがちゃんとした落語なんだ。

私が演ってきた落語とは違う。けど、これが落語というものなのだ。志ん朝の明るさ、綺麗《きれい》さ、落語のテンポ、文句ない。

これは何度も書いたことだが、もう一度書く。

もし、この談志が金を払って落語を聴かなければならないとしたら、志ん朝しかいない。

それを言ったら、小《こ》さん師匠、歳《とし》をとっていたが、こう言ったっけ。

「早い話が上手いんだよ。あれを、〝上手い〟っつうんだよ、なあ、おい」

負けず嫌いだから、言っとくと、談志《おれ》も上手い。意外と嫌《いや》みのない落語を演る。いいよォ、談志の落語。

ま、それは、こっちへ措《お》いとこうか。

なぜ「文楽は上手い」と決めたのか

くどいが、もうちょいと書かせてもらう。

落語家が役者を演る「鹿芝居」。有楽町ビデオホール、演目は『太十』。左から三木助、円歌、柳枝。もう一人は馬の助か

「文楽師匠、上手《うま》いんですか？」

「上手いです」

「どう上手いんですか？」

さあ、そこが問題だ。つまり、嫌《いや》みがなくて、……これとて当てにならない、感じ方は人によって違うであろう。

先ほど書いた如《ごと》く、〝これを食わねば江戸っ子の恥〟と、鰹《かつお》と一緒にして誰かが決めちまったのか。では、なぜ〝文楽がいい〟と決めたのか。最大公約数的な作品、またその香り、そこに生まれるギャグや仕草《しぐさ》、それがその頃の東京人、曰《いわ》ク〝江戸っ子〟にぴったりときたのか。

そして、いかにも〝下手《へた》〟にありがちなフレーズもない。

「そんな番頭がどこにいる」

「小僧がそんな口をきくか」

そういうものは一切ない。

ふと、桂米朝《かつらべいちょう》を思い出した。文楽師匠ほどのインパクトはなくても、それを補って

五代目柳亭左楽

初代三遊亭円右

五代目三遊亭円生

余りあるほどの米朝が創《つく》った作品の数々。それらには一つも嫌みなところがない、無駄なところがない。見事に出来上がっている。

では、文楽師匠と米朝さんとどっちがいいか。文楽を仮に取ったとする。いや、取るでしょう、私は。米朝さんの落語は今後もずっと聴いていられるし、いや、られるかな？　もしかすると、私のほうが先に逝《ゆ》くかな。つまり、文楽師匠はもう聴けなくなったから〝いい〟と思うのか。

そればかりではないだろう。〝やはり文楽〟と言うだろう。米朝さんも〝それは文楽師匠でしょう〟と言うのではないか。

では、志《し》ん生《しょう》だったら、文楽と己《おのれ》とを比べて何と言う。ま、志ん生はそういうことを言ったりしないだろうが。

志ん生の『富久《とみきゅう》』のほうが、文楽の同様の噺《はなし》よりもはるかにすさまじい、凄《すご》い。だが、〝上手い〟という表現は入ってこない。〝上手い〟とはまったく違う次元の〝凄さ〟である。

若き頃、『富久』を演《や》った私を、山藤章二《やまふじしょうじ》画伯は「鬼気迫《ききせま》る『富久』だね」と言った。けど、「鬼気迫る」なんて、感動はさせても、野暮《やぼ》ではないか。

人形町末広《にんぎょうちょうすえひろ》の席亭《せきてい》が、文楽師匠の『厩火事《うまやかじ》』だったか、はたまた『松山鏡《まつやまかがみ》』だったか。まあ、どちらでもいい。それを聴いて、私に言った。

「円生［＊26］さんがいたら、こんなの聴いてらんないよ」

とネ。この「円生」は五代目、俗に楽屋で「デブの円生」と呼《い》われた、あの名人円生師匠の義父である。

散々《さんざん》書いてきたが、結論を言う。〝上手さ〟というのは分解のしようがないのだ。

この本は「最後の落語論」であるから、落語における自我論やら、業《ごう》の肯定論やら、書いてきた。それだけでいいのか。そんなわけはあるまい。「上手い芸とはどんな芸のことを言うのか」についても〝論〟を展開しなけりゃならないはずだ。

けど、できない、判《わか》らない。ということは、答えは〝ない〟のかもしれない。

あとは読む人に任せる。といって、放り投げるのも無責任だから、書いておく。

「〝上手い落語家〟とは立川談志のことである」

ね、これでいいよネ。ダメですか？

つまり、ポンチ絵派といわれた系統も、名人といわれた落語研究会の系統も、全部ひっくるめて、両方が入ったときの談志に敵《かな》う落語家なんぞいるわけがない。百年に一遍《いっぺん》の落語家ではない。突然変異なのだ。

業《ごう》を肯定し、狂気を認め、下手をすると狂気の世界に入っていってしまうのを、ぎりぎりのところで止めている、刃渡りのような立川談志。

ま、異論はあろう。

「文楽は上手かった」

「円生のほうがもっと上手かった」

「志ん朝はいいねえ」

「小金治《こきんじ》も、落語を演《や》ってれば上手いのに」

なんという昔ながらの褒《ほ》め方をするのも、読者の勝手だ。

文句があれば、いつでも待つ。

と、威張ったところで、話を戻そう。

こればっかりだネ。いやはやどうも……。

もはや談志は〝場違い〟か

さて、能書きが例によって多くなり、横に広がり、縦に伸び、元へ戻るのに迷ったりするような、毎度の家元の癖《へき》である。

「上手《うま》い芸」とは何か。と、またここに戻る。

〝面白い〟というのは判《わか》る。〝つまらない〟のも判る。そして、〝上手い〟の上位に、「どう上手く演じようが踊ろうが、あれは違うよ、場違いだよ」という物差しがある。それは、時代や風潮、雰囲気に関係している。それらを無視した芸は、たとえ上手く演《や》っても〝それは違う〟であろう。

私は若い頃から、客に〝場違いだ〟と思われない芸と、「〝場違い〟と言われたって、笑わしたほうがいいやい」という芸と、二つに分けて演ってきた。

具体的に書いてみる。

といってもなァー、私が何か書いても喋《しゃべ》っても、もう昔話なのだ。四、五年前までは、そんなふうには思わなかった。私のなかでは、「落語界」のなかに「立川談志」がいた。

けど、いまは、落語界そのものが〝全く違う世界〟のように感じる。なぜだろう。

例えば、生意気《なまいき》なことを言うようだが、私が新宿末広《しんじゅくすえひろ》なり、浅草《あさくさ》の演芸場なり、そこへふらっと行って、「師匠、ちょっと出てみませんか」と言われて出た場合、観客の反応が以前とは違う。

〝久しぶりに落語家の談志が出てきた〟という感じではない。よく言やァ、〝有名人が来た〟、悪く言やァ、〝何しに来たんだ〟そういう感じなのだ。私からすれば、〝住む世界が違う〟のだ。

それでも、その雰囲気を素直に受け入れて、すっと入れる場合もあるが、それはまれで、戸惑《とまど》う場合が多々ある。勿論《もちろん》、その場の雰囲気に合わせて喋ってみるのだが、〝ウヘッ〟と言ったっきり、どうしていいか判らなくなる。

客を含め、落語界というものが、私が知っていた頃とは、明らかに違ってきている。落語界そのものが、談志にとってはもはや〝場違い〟と言える。

一昨年だったか、寄席《よせ》文字の橘左近《たちばなさこん》が関係した会があって、呼ばれた家元、久しぶりに新宿末広亭の楽屋《がくや》へ行った。で、家元が入ったとたん、みんな二階へ上がっちまった。つまり、逃げたということった。

こちらはまったく平気で、楽屋のなかに入っていく。イイノホールの楽屋で、落語芸術協会会長の歌丸《うたまる》相手に「おい、疲れたら、一週間ぐらいなら会長を代わってやるからなあ」なんと話しかけたりもしている。

家元、自分が若い頃は師匠連の懐《ふところ》に入っていった。けど、今の若い奴《やつ》は何も聞きに来ない。聞かせてやろうと思っても聞いていない。自分の弟子も他の弟子も含め、来ればいい。けど、来ない。単に〝怖い〟ということだけではないだろう。

それで思い出したが、ＮＨＫテレビで、新人登竜門の番組がある。多くは、吉本を中心とした〝テレビにさえ出られりゃいい〟という芸人が集まる。いや、まだ芸人にもなっていない連中か。けど、なかには面白い連中がいて、ひっくり返るような芸をする。それらを見た観客がボールを入れて、そのボールの数で優劣を競うという番組だ。

かつて、その番組で審査員をやっていたことがある。だが、辞《や》めた。それは、私が審査員席に座っていると、談志《わたし》に受けようということが主《しゅ》になってくる。それでは番組としては困るというので、

「談志さん、ひとつ辞めてもらいてェんだけどね」

「判った、判った」

そういうことがあった。

一事が万事である。談志が〝いい〟というものはいい。けど、もう、それは世の中の尺度とは違う。と、どうなるか。

私が計り知れない、まったく違う世界で「いい」「悪い」が決まってくるということだ。

伝統芸が滅びるとき

とは言いながら、上手《うま》くて場違いでもない芸、つまり〝いい芸〟とはどんな芸を言うのか。

ざっくばらんに言うことはできる。それは、「江戸っ子の了見《りようけん》に合うもの」であり、つまり「桂文楽」となる。

〝だったら何のために、長々とここまで能書きをこいてきたんだ！〟

いやはや、どうも。

ま、桂文楽であり、歌舞伎《かぶき》は五代目菊五郎《きくごろう》であり、寿司《すし》はあそこの店、卵焼きはそこの店、洋服はあっちの店……、しまいには、「電車はあれ」とまでこだわる伝統。その上に成り立つ、無意識のうちに決めるもの。それが〝いい芸〟である。

それは、時代によって変化するものではないか、と言ったら、変化する。けど、その背景に伝統芸術があるという一点は変わらない。

なら、「伝統芸術」とは何か。どう分解するか。つまり、「伝統のある芸術」。何だい。

昔から伝わってきたトーン、それはぽっと出のそこらの人気者が作る流行語などではびくともしないものだ。その〝びくともしない〟ものが、立川談志のなかにあり、それがテレビから遠ざける。

それは落語、伝統芸ばかりに非《あら》ズで、政治家のあの顔、コメンテーターと称する下品な連中、〝テレビにさえ出ていれば当選するだろう〟と考えている国会議員たちの浅ましさ。

伝統は確かに変わってくる。しかし、根底にあるものは変わらない。くどいが〝変わらない〟。それが変わってしまったときに、その伝統芸術は滅びるのである。講談がそうであり、浪花節《なにわぶし》もそうであると、立川談志、言い切ってもいい。

一つの例として、私が『慶安太平記《けいあんたいへいき》』を習ったのは木村松太郎《きむらまつたろう》であるが、当時すでに現役を退《しりぞ》いた爺《じい》さんであった。

「ひょいとよけて、スパッと抜いたこの刀」

と言いながら、何気なく右の手で左の手の甲《こう》を打っといて、シュッと刀を抜く様子を演《や》った姿。これが〝伝統の根底にある変わらないもの〟である。

小朝《こあさ》が『源平《げんぺい》』でこれを演ったが、まったく切れていなかった。

〝じゃ、談志《おまえ》は?〟

松太郎師と小朝の中間ですな。

〝じゃ、談志、駕籠《かご》屋《や》の本当の舁《か》き方は?〟

〝吉原《よしわら》の店へ入ってきたときの若い衆《しゅ》の動きは?〟

〝花魁《おいらん》の仕草《しぐさ》は?〟

切りがない。

たとえ〝切り〟があったとして、落語において、写実で演じたとて、しかたあるまい。それらは落語の道具にすぎない。

落語は芝居と違って、〝デフォルメされた芸〟と言っていい。だから、伝統を壊さない程度に、デフォルメして演じることは可能である。さりげなく演って、〝どうでい〟とネ。

「江戸」と言えるのは何処までか

ふっと見たら、『現代落語論』があった。パラ〳〵ッとめくっていくと、いまと同《おな》んなじことを書いている。ということは、いいことを書いているのだ。談志の御託《ごたく》を『現代落語論』として出してくれた、編集の畠山さんの腕も素晴らしかったのだろう。この本は、当時の落語ファンや落語家志望の若者のバイブルだったというが、それは判《わか》る。

落語とは何だ。『現代落語論』に書いたこととほとんど同じであると知りつつ書くことにする。

寄席という、独特の空間で、昔からある作品を江戸っ子の了見《りようけん》で演《や》る。己《おのれ》のギャグ、自我、反社会的なこと、それらを江戸の風の中で演じる。非常に抽象的だが、そうとしか言えまい。「江戸」という〝風《かぜ》〟〝匂《にお》い〟の中で演じるということだ。

何処《どこ》までを「江戸」とするのか。昔の人たちは、それを計り、「上手《うま》い」「拙《まず》い」を見事に決めていた。現在《いま》は、強《し》いていうなら、談志《わたし》が決めるとしか言いようがない。

その了見が判っていた人たちが、だん〳〵いなくなり、最後に志ん朝しかいなくなり。勿論《もちろん》、演っている内容はそうではなくても、その雰囲気の判る人はいるだろう。意外に三遊亭円歌《さんゆうていえんか》なぞ、判っているかもしれない。立川流《うち》の志《し》の輔《すけ》も判る。志《し》らくは、あれはお江戸ですから判るでしょう。講談じみた落語を演る談春《だんしゅん》にも判るか。けど、志の輔の、バックにコーラスを並べたりする演り方は、東京人にはできない。悪く言やァ、田舎《いなか》っぺだからできる。よく言やァ、東京の風に吹かれていないからできる、とも言える。

また元へ戻って、やっぱり黒門町《くろもんちょう》（文楽）か。そして志ん生、三木助《みきすけ》、円生、小さんか。落語を続けていれば小金治か。談志か。

円楽《えんらく》は、何であんなふうになってしまったのか。馬生《ばしょう》［＊27］もいいが、ちょいと軽い。柳枝《りゅうし》［＊28］、柳好《りゅうこう》、いいよォ。

「よく来たな」の馬風《ばふう》。『蔵前駕籠《くらまえかご》』の『蔵前トラック』、『芝浜《しばはま》』の『芝浜の革《かわ》トランク』は許せる線である。

　また〳〵思い出した。談笑《だんしょう》という弟子の落語に、『シャブ浜』がある。その感覚は嫌《いや》だ。許せない。禁演にする。

　馬風の『芝浜の革トランク』なら許せる。

「俺のはナ、革財布《かわざいふ》なんて、そんな小せえんじゃねえんだ。トランクにしろってこと」

　てなもんでネ。

　四代目の小さんは、非常にパンチは弱いが、粋《いき》な芸であった。落語家ではないが、音曲師《おんぎょくし》の柳家《やなぎやこ》小半治《はんじ》［＊29］にも「江戸」がある。

　芸の組み立て方、演じ方が上手いことはさることながら、それ以前に、落語の根底に江戸がなければならない。ドサ（田舎）はだめである。ここにとどめを刺すしかない。

　死ぬまでにいくらか時間があるから、いや、あるとするならば、また考えてはみるが、結局、私の知っている落語家では、文楽、志ん生、円生、三木助、小さん、そして権太楼《ごんたろう》、柳好、馬風、山路《やまじ》の文治までが「江戸」と言える。小円朝《こえんちょう》〔＊30〕は、チト違うのだ。四代目小さんは、小円朝を買っているがネ。

「私が〝いい〟と決める落語、いいだろ？　いいよな」

「うん」

そういう会話ができて、意見の合った人間たちのもの、これを落語と称《い》う。江戸っ子の雰囲気を伝える最たるものが『三方一両損《さんぼういちりょうぞん》』然《しか》り、『大工調べ《だいくしら》』然りである。

けど、演り過ぎると野暮《やぼ》となる。「俺は江戸っ子だ」なんということを出しすぎた落語はダメだ。妙な例になるが、アパルトヘイトが廃止になる前、南アフリカのヨハネスブルクで、威張りくさったプワーホワイトを見た。あれは始末が悪い。それに近いものを感じる。

やってはいけない行為

落語には原作者がいない。だから著作権というものはない。早稲田《わせだ》の教授興津要《おきつかなめ》が出した『古典落語』という本がある。落語の速記を唯並《ただ》べただけだが、この本は大いに売れ、興津先生、だいぶ儲《もう》かったと聞いた。

興津つぁんに罪はない。けど、本来は落語家と協会がそれらを守るべきであろう。一事が万事である。済んだことだがネ。

早い話、著作権も何もあったもんじゃあない。作品にしてそうだから、入れ込むギャグまでは、著作権の管理はとても〳〵及ばない。で、「つかみ込み」という、他の落語家が他の落語に苦心惨憺《くしんさんたん》して入れ込んだモノを、別の落語のフレーズとして平気で使うようになったのは、もう五十年も前になるか。

これは、決してやってはいけないとされているが、私なら言う。

「つかめるなら、つかんでごらん。つかんでごらん、談志の『金玉医者《きんたまいしゃ》』を、『粗忽《そこつ》長屋《ながや》』を」

また横にそれた。話を戻す。

『野晒《のざら》し』は柳好、たまに柳橋《りゅうきょう》［＊31］（面白かった）、やがて小柳枝《こりゅうし》［＊32］、そして我《われ》。

何が〝我〟だ。

当時は、柳好節がファンの頭にあり、下手《へた》に演《や》ると文句が出る。柳枝師匠のように違う見地からの『野晒し』もあったが、『野晒し』はどう演っても『野晒し』である。

それがなんと昨今では、我が弟子どもを含め、極端に言ゃァ、落語家全部が『野晒し』を演る。落語を識《し》らない人たちには親切かもしれないが、ああ下手じゃあなァ……。いや、それでいいのか、それが〝時代〟というものか、嗚呼《ああ》。

ナニ、これは『野晒し』ばかりか、落語全般に及び、やれ志ん生の『火焰太鼓』だ、『義眼《ぎがん》』だ、と演る。短くてギャグ優先に思えるのだろう、〝てっとり早く笑いを〟とこれを演じる。一度、イイノホールで、「やめろォ、降りろォ」と、家元怒鳴《どな》ったっけ。

してみりゃ、『粗忽長屋』は柳家小《やなぎやこ》さん、以下、『猫《ねこ》の皿《さら》』『長屋《ながや》の花見《はなみ》』『長短《ちょうたん》』、そして『強情灸《ごうじょうきゅう》』は志ん生のものと二通り。全部と言っていい。だから、別の噺家《はなしか》が演っても、〝これは小さん〟〝これは志ん生〟というように、ルーツが判《わか》る。

その昔は無言のうちにルールというものがあり、演るのはタブーという噺があった。

例えば〝『明烏《あけがらす》』は文楽〟であり、ほかの誰も演らない。たとえ演っても軽蔑《けいべつ》されただけであった。〝あのバカァ……〟である。そして、そんな噺家は相手にしなかった、当時の観客であった。

変な例だが、昔、素人《しろうと》の売春婦が捕《つか》まると、プロの売春婦から攻撃された。〝安く売った〟というやつだ。プロの世界にはルールというものがあり、それを壊す行為は決して許されなかったのだ。けど一方で、〝素人のほうがいい〟ということが起こってくる。すると、懐かしのパリの売春婦の風景は消えていくことになる。

落語の世界にも、それと同じようなことが起こってしまった、ということだ。

入門したからには、いろ〳〵な落語を演りたい。演りたいから落語の世界に入ったのだから、自《おの》ずと演りたくなる。で、師匠から教わった落語以外を演ると、それを聴いた周囲《まわり》から師匠へと話が伝わり、「誰に教わった」「誰々師匠に」「嘘《うそ》ォつきやがれ、この野郎」と怒られた。

そこで、なるべく怒られないように、落語界の雰囲気を壊さないように、前座《ぜんざ》は前座なりに気を使って演っていた。それを「いい前座」と称《い》った。〝あそこの前座は素直だね〟と。

私の場合は、文楽師匠によく怒鳴られた。落語協会の集まりがあると、最初は決まって、私が呼ばれた。

「小ゑん！　出て来いこっちへ！　この野郎はとんでもない野郎だ」

けど、私は私なりに落語界の泥と金銀とを使い分けて、〝もうそろ〳〵このくらいのギャグは出していいだろう〟〝自分で作ったこの噺を出していいだろう〟と、恐々《こわごわ》ではあったが、ガキはガキなりに見極めながら演っていた。それが当たって、今日がある。

〝師匠に教わった通りに〟で止まってしまい、同じ落語を同じように演る連中もいた。それでもそこ〳〵は受けるから、それで一生を終える。

そういや、こんなことも言われたっけ。

「きみはダメだよ。芸はいいけど素行が悪いから。どん〳〵下がってダメになっちゃう。あれは下手くそだけど、素行がいいから伸びて、いまにお前を抜くよ」

〝きみ〟は俺。で、〝あれ〟は……生きてるのかね。

これを「落語の崩壊」と称う

師匠に教わる、教わったものを開拓していく。うっかり開拓すると周囲《まわり》から苦情が出る。その苦情を大事にするのが、落語界の一つの〝雰囲気〟だとすると、その雰囲気を持っていた人たちが、落語を支え、そんなかから真打《しんう》ちが出てきて……と、脈々と続いてきた。

それは果たして、何だったのか。一つの社会現象だったのか。

それがどうだ、現在《いま》は。

綾小路《あやのこうじ》きみまろ、なんという芸人が出てきて、ひたすら客を〝ワン〳〵と笑わせりゃあいい〟となった。

確かに、芸には〝笑わせる〟という行為もあるだろう。けど、落語界が脈々と伝えてきた〝雰囲気〟を吸って、〝粋《いき》〟なフレーズを覚えてしまったら、もう、それは嫌《いや》だ。

そのフレーズ、それを出すタイミング、そのときの身振り手振りは、落語家によってそれ〴〵違っている。前に書いた「尻《けつ》の穴に蚊取り線香」という自我とこれらと、まったく違ったもののように見えるが、けど、どっかでつながっている。それ〴〵が自我をそこで発散している。そのワンフレーズを聞いて、〝ふっ〟と笑う人間を我々は「落語通《つう》」と称してきた。

演《や》るほうは無意識だろうが、文楽師匠の「ベケンヤでゲス」「アバラカベッソンでゲスよ」なども、自我の発散であったと想像できる。

つまり、落語通が〝ここ、ここが堪《たま》らない〟と感じる部分が、演者の「自我」なのではないか。

で、そういう部分が、最近の落語にはなくなってきた。落語の崩壊である。

崩壊は言葉ばかりに非《あら》ズで、〝おい、変な出方をするな〟とか、〝そのそばの食《く》い方はなんだ〟とか、〝くしゃみを一つ入れるところがないじゃないか〟なんぞと、言いたくなる。

一例を書いておく。

落語の枕《まくら》で使われる『三ぼう』という小噺《こばなし》がある。どろぼう、つんぼう、しわんぼう（ケチんぼう）は落語には来ないから、安心して悪口が言える、という、あれだ。

「寄席に行くなら木戸銭《きどせん》が必要ですよ」

「え？　金ェ払って、中へ入って笑うんですか？」

「そうです」

「バカぁ言っつくれんな。金ェ払って笑うくらいなら、家へ帰って女房にくすぐってもらう」

それを「友達にくすぐってもらう」と演った奴《やつ》がいる。

〝違うだろ、バカヤロウ〟ということった。〝女房にくすぐってもらう〟というところに、えも言われぬ〝しわいや〟の了見《りょうけん》があるのだ。

それを、〝友達にくすぐって〟だと？

これを「落語の崩壊」と称《い》う。

グロテスクな芸

着物を着て、扇子《せんす》を持って、座布団《ざぶとん》の上に座っているだけで、「伝統芸」を演《や》っているると思い込んでいる連中が多い。それは、違うな。

落語には口調というものがある。それが〝現代には向かない〟と考えて、昔ながらの口調を壊して演ろうとするが、それでは伝統芸ではない。

勿論《もちろん》、伝統芸といえども、観《み》たり聴いたりするのは現代人だから、現代の感覚というものも意識しなければ、客を集めることはできない。

問題は、「現代の感覚」を意識する能力があるかどうかだが、ほとんどの噺家《はなしか》にそんな能力はない。よって自分たちは、着物、扇子、座布団、古典落語という「伝統」のなかに「現代」を入れているつもりだろうが、結果、伝統も現代も感じない、グロテスクな芸が出来上がる。

演り方としては、二通りだろう。

立川流の弟子たちをみても、二通りに分かれる。「伝統」だけを演っている弟子たちがいて、その一方で、「伝統」と「現代」の両方を演っている志の輔、「伝統」を主《しゅ》にしてそこに「現代」を入れようとしている談春（あまり入れてないが）、「伝統」よりも「現代」を優先してイリュージョンを演っている志らく（イリュージョンを演るにはちと早すぎるが）。

一番いいのは、「伝統」をバックに「現代」を入れた芸だろう。

十代目金原亭馬生

伝統とは何か。それは「時間」である。伝統のある国・ない国、伝統のある学校・ない学校、伝統のある家・ない家と同じように、伝統のある芸・ない芸がある。伝統が築かれるまでには、長い〳〵時間の経過が必要だから、そこには過去の古い考え方や形が含まれている。そこに現代の客を呼ぼうと思えば、「現代」を入れなければならない。

けど、その「現代」は、伝統とまったく切り離せるものではなく、伝統の延長線上にあるものだ。その「現代」もやがて、伝統の中の一区間になれるようなものでなければならない。

能書きをこいているだけでは、判《わか》るまい。例を挙げる。

「座布団はあるか？　三角のはあるか？」

「はっかのお菓子みたいなのは、ありませんよ。三角の座布団は何に使うんですか？」

「胡坐《あぐら》をかくときに使う」

二代目桂右女助（のちの六代目三升家小勝）

「無駄がなくていい」

恋愛を表現する言葉ひとつをとっても、伝統にはいい言葉がある。曰《いわ》ク、「岡惚《おかぼ》れ」。三木助師匠がよく使っていたフレーズ、「〜てンで人事不省《じんじふせい》に陥る」。これもいい。この会話、この言葉が落語の伝統というものだ。そこに現代を入れて、ピタッとハマったときの物凄《ものすご》さ。それを知る落語家、観客だけが落語の伝統とは何かを理解する。が、それはあまりに少ないケースであるという現実がある。

それは落語ではない

いま、「落語ブーム」なんぞと言われていて、〝落語を初めて聴いた〟という客が多い。現代の客が伝統芸を珍しく感じたのか、新鮮に感じたのか。

確かに、客は笑う、〝笑いに来ている〟。

地方で『芝浜』を演《や》ったら、客が笑っていた。拾ってきた金を数えるところで、

「一《ひい》、二《ふう》、三《みい》、四《よう》、五《いつ》、六《むう》、七《なあ》、八《やあ》……」

と、これで笑っているから、思わず言った。

八代目春風亭柳枝

「そんな面白いですか、この噺《はなし》」

昔から、その種の客、つまり〝笑うもんだ〟という客はいたが、そういう客が多くなっているのか。

落語に限らず、ブームというのは、そういうこった。初心者がなんだかんだと、知りもしないでものを言う。ロクなこたァない。

なんでも初めてのことを体験すると、落ち着きがなくなる。騒がないではいられない。〝このあいだ、初めて落語を聞いちゃってさ〜〟〝へえ〜〟てなもんだ。

飢えないし、時間を持て余しているのだろう。で、落語というものを聴く。けど、伝統なんぞ知らないから、

「〝囲いができたね〟〝へえ〟だって」

「笑っちゃうわよね」

となる。

全然、違う。それは落語ではない。何度でも言う。それは落語ではない、それは落語ではない、それは落語ではない……。

五代目古今亭今輔

バカどもが演る落語は己《おのれ》の口調、工夫も入れて作るのだろうが、ハズレとなる。唯《ただ》素直に「作品」を演ってりゃまだいいが、バカだからそのセレクトさえできない。いち〳〵名前は挙げない。つまり全部である。

じゃあなぜ、ユーモア、ウイット、ギャグの宝石箱のような落語を演ることが難しく、下手《へた》な落語が多いのか、というと、それらの価値が判《わか》っていないのだ。よいほうでも、せい〴〵、昔受けた噺をそのまま、いや、それも何も理解《わか》らず唯大事に演じているだけだからである。

だもの、いくら「名作」を聞かされても腹が立つだけ。と言っても、一般には判らないだろう。何せ「笑点《しょうてん》」なんという番組が受けているのだから。

大衆は嫌《いや》だ。本当に嫌いである。

『黄金餅《こがねもち》』も『芝浜』も『粗忽長屋』も、それらは誰にでもできる。できるから演る。けど、もう家元の世界とは違ってきている……と、昔からある老人の愚痴《ぐち》となる。

〝風〟が違う

ある噺家《はなしか》の落語をテレビで見た。ま、そこ〳〵きちんと演《や》れる奴《やつ》で、昔なら立派に

二代目三遊亭円歌

寄席《よせ》の中継《なかつ》ぎぐらいはできたろうに。でも、もう駄《だ》ァ目《め》。ダァメとは、その芸は、芸風は、現在ではそこ〳〵の古典落語（『寝床《ねどこ》』）であったが、あっしは……。

家元から、〝あっし〟ときたネ。

で、あっしは認めない。つまり〝風〟が違うのだ。イヤらしい芸風なのだ。勿論《もちろん》、売れないし、世間は名前も知るまい。それでも、くどいが現代では、これでも、ま、そこ〳〵で、場違いではないのだろうが、当店としてはまっぴら御免《ごめん》、である。

談志《わたし》がその辺《あた》りから抜け出したから言うのでは、決してない。

私が育った頃は、先輩も席亭《せきてい》も、客も言ったろう。〝あれは場違い、ドサだよ……〟と。

これまたついでだが、落語家が他のジャンルと共演するのは認めない。あんなものは見世物《みせもの》である。弟子の志の輔もその一人であろう。

志の輔の落語は上手《うま》い。その志の輔でこれだから、推《お》して知るべし。

そういや、前に、〝談志は志の輔といういい弟子に恵まれた〟と言われたことがある。

八代目桂文治

「ふざけんな、この野郎。志の輔がいい師匠に恵まれたんだ」

と言ってやったがネ。

ちなみに、チト違うが噺家が演る「鹿芝居《しかしばい》」、これを劇作家の秦豊吉《はたとよきち》は、こう評している。

「世の中に、これほどグロテスクなものはない。東宝名人会《とうほうめいじんかい》では遠慮してもらっている」

一、二回は東宝でも演ったし（戦前）、客にも受けたのだろう。いまより歌舞伎《かぶき》を一般大衆が知っていた時代である。

と言っても、これも判るまい。この本の何処《どこ》かに「鹿芝居」の写真があるから、それを見るといい。

ちなみに、この本に載せた写真の多くは、田島謹之助《たじまきんのすけ》さんが撮《と》ったものだ。家元、田島さんとは過去、『談志絶倒　昭和落語家伝』という、写真の本を一緒に出している。その田島さんが、この「最後の落語論」を書いている途中で亡くなった。

それにしても、田島さんはいい写真を遺《のこ》してくれた。私と知り合ったのは偶然だが、落語の縁であろう。彼は胸を張ってあの世に行ったと思う。そして今頃、落語ファンにサイン攻めにあっているかもしれない。

話を戻す。落語というのは、人生における諸々《もろもろ》のやりとりの結晶である。ユーモアだ、ウイットだ、ナンセンスだ、あるときには、エロティシズムになったり、あるときには朗《ほが》らかで明るい夢であったりする。

〝それ〟を落語家が捨てるのか。

それ以前に、そのことにすら気づいていない。古典落語を演っているかに見える連中も、判《わか》っちゃいない。

若き談志が金馬師匠に感じた、「ごんべ〜ぃ」という山の中にボーンと聞こえる、あの郷愁《きようしゆう》も判るまい。

また思い出した。江戸っ子、東京人は、「あァー、そうだ」（と言いながら、〝パン〟と膝《ひざ》などを打つ）、と、こういう暮らしをしている。

「向こうから来ましたよと（パン）。えェ、いい女（パン）。誰でげす。左曲がっていなくなった。あ、それっきり？　いやァーやーやーやー。あちらから来る女というものは、また何とも言えませんな」

喋《しゃべ》りが全編音楽なのだ。私はこれを「演れ」と噺家たちに言っているが、誰も演ろうとしない。

「襲名」なるもの

そうだ、ついでに書いておく。

小益《こます》から文楽になろうとしていたとき、私は小さん師匠に言った。

「文楽にしちゃダメだよォ。なんなら、〝セコ文楽〟ってのはどうですか、師匠。上《う》手《ま》くなったら〝セコ〟を取ってやりゃいいんですから」

「何言ってやんでえ」

洒落《しゃれ》の判《わか》らない人です。

さらに、文楽師匠の二人っきりの内弟子《うちでし》のうちの一人、若い弟子だった文平《ぶんぺい》が、いつの間にか「左楽《さらく》」になっていた。

新宿末広亭の席亭《せきてい》、銀太郎《ぎんたろう》おやじは、先代左楽［＊33］を神のように崇拝《すうはい》していた。で、若き談志《わたし》は怒鳴《どな》られるのを承知で、銀太郎おやじに言った。

「旦那《だんな》ァ、私が左楽ンなりましょうか」

「バカヤロウ！」

その銀太郎おやじが生きていたら、何と言うのか。

ナニ、文楽、左楽ばかりではない。我々が、神の如《ごと》くまでは思わないまでも、見上げていた、そこにあった看板の柳好も、桃太郎《ももたろう》も、円遊《えんゆう》も、円歌も、いつのまにか襲《しゅう》名《めい》なるものがされている。

勿論《もちろん》なかには、まあ〳〵と言える人たちもいる。早い話が、円歌なぞはいいのではないか。歌奴《うたやっこ》の円歌です。嘘奴《うそやっこ》、嘘つき円歌。

この円歌、不思議な奴《やつ》である。まだ歌奴の時代に、私が大勢いる前で、

「これね、〝嘘奴〟っつってね、嘘ばっかりついてんだ」

なんと言っても、へら〳〵と笑っている。それを見て、「面白い奴だなあ」と思ったネ。ついでに書いとくと、あれほど、何処《どこ》で演《や》っても受けた芸人を私は知らない。

座布団《ざぶとん》一枚だろうが、寄席だろうが、日劇《にちげき》だろうが、どんなところでも受ける。

歌奴、元気なのか。現在は三遊亭円歌、落語協会最高顧問である。


ちなみに「談志」は、中堅の真打ちの名前である。また、先代のイメージが強かったからだろう、襲名したときに、〝何であんな古くせえ名前を継いだんだ〟と言われたネ。

けど、今になってみると、いい名だ。「志を談《かた》る」。今更《いまさら》、ほかの名は考えられない。

若い奴らは〝演りたい〟と思わないのか

過去に、山藤章二《やまふじしょうじ》画伯から送られてきた神田伯龍《かんだはくりゅう》［＊34］の『小猿七之助《こざるしちのすけ》』。SPレコードだから、表が三分、裏が三分、それが二枚であったから、全部で十二分にすぎない。けど、全身の血が逆流をするかのような凄《すご》さを感じた。で、それをそっくり真似《まね》した立川談志は、落語家であることの楽しさを味わうことができた。

思い余って、演《や》ったっけ。伯龍そっくりに。〝そっくり〟とは、その伯龍のレコードそっくりにである。曰ク、

「山谷堀《さんやぼり》からお客が四人《よったり》、芸者が一人。鉄砲洲《てっぽうず》の稲荷河岸《いなりがし》にお客を上げると、〝姐《ねえ》さん〟〝私、相鱠《あいろ》の徳《とく》さん嫌い〟

と、一人船頭《ひとりせんどう》、一人芸者《ひとりげいしゃ》は、当時、船宿《ふなやど》の堅い御法度《ごはっと》だが、乗り込んだ船頭は山谷の小舟乗りで、すばしっこいてェところから、七之助《しちのすけ》、乗った芸者が、当時、一枚絵に描き上げられた浅草広小路《あさくさひろこうじ》、滝野屋《たきのや》のお滝だ」

ちなみに、「そのころおい」という言葉を講釈師《こうしゃくし》から聞いて意味が判《わか》らなかったが、あとで判った。「その頃おい」なのである。「その時代」という意味だ。ま、余計なことだが。

「七《しち》つぁん、降ってきやしないかね」

「さァね、さっき、パラリと見せた雨もいまは上がって、二《ふた》ァつ三つ、星ァ見えてますが、やがて降《ばれ》てきますすよ。宵越《よいご》しの雨はもたねえってねえ」云々《うんぬん》。

伝統芸のなかで連綿《れんめん》と伝えられてきた江戸の会話である。

小島政二郎《こじままさじろう》［＊35］先生が、『小猿七之助』を私に演らせて、結果〝いいですよ〟と言ってくれた。〝でも、あそこの波よけ稲荷《いなり》のところがねえ……〟と言われたのだが、どこがどうダメなのか、伯龍を生《なま》で聴いていない私には判らなかった。

何が言いたいのかというと、そういう衝動が、〝これを演ってみたい〟という衝動が、いまの若いバカどもには、なぜ起きないのか。

私がこしらえた噺《はなし》、曰ク、『九州吹き戻し《きゆうしゆうふきもど》』であり、『慶安太平記』であり、それらを完成させるまでの私のプロセスは、一切無視されているようにしか感じられない。

もし、若い奴《やつ》らが、談志がこしらえた噺を演るようになった場合、山藤画伯に言わせれば、「家元は負けず嫌いだから、また何かをこしらえるだろう」だが、上手《うま》く演ってくれればまだ救いがある。しかし、現状を一口で言えば、とても〳〵である。

さて、余興《よきよう》だ。一龍斎貞丈《いちりゆうさいていじよう》［＊36］先生、余興でほんの三分ほどだったが、エロ講談というものを喋《しやべ》った。それを真似て私が創《つく》ったのを載せておく。

時は何時《いつ》なんめり。淫歴《いんれき》の二十年、マラの立つ年、気のいく頃、世紀（性器）を分ける戦いは、魔羅《マラ》族、ボボ族、〝共《とも》に天《てん》を戴《いただ》かん〟との合戦《かっせん》なり。

朝マラ卯月守立助《うづきのもりたてすけ》、大腰由利之介《おおごしゆりのすけ》メチャ突《つき》、珍宝丸出守之見《ちんぽうまるだしのかみこれみ》よがし、大マラズブの介腰造《すけこしぞう》は小立《こだ》ち・大立《おおだ》ちをかざしたその立ち姿見事なり。

続くは皮かぶり越前守唯助平《えちぜんのかみただすけべい》、朝からスル蔵《ぞう》、入手《いれて》ヤル三《ぞう》、陰金田虫《いんきんたむし》の丞淋助《じょうりんすけ》・梅《うめ》助《すけ》、逆毛《さかげ》の珍時《ちんとき》、のぞ記出歯之亀《きでばのかめ》、入《い》れたら抜《ぬ》か六《ろく》、千《せん》ズリ覚兵衛《かくべえ》、黒魔羅雁高之助《くろまらかりだかのすけ》、毛剃《けぞ》り丸出《まるだ》しの金兵衛《きんべえ》・珍平《ちんぺい》のマラ兄弟をはじめ、割《わ》れ目伊次郎《めいじろう》、貝谷《かいたに》なめ衛門《えもん》。馬《うま》泣《な》かせのそり造《ぞう》は大竿《おおざお》を振りかざし、陰毛カイ〳〵疎《そ》にして漏《も》らさず。

いずれも強者《つわもの》、越中褌《えつちゆうふんどし》に身をかため、あるいは六尺《ろくしゃく》、なかにはそのまま堂々と突き出し、その二握《ふたにぎ》りの得手物《えてもの》に旗を立て、鈴をつけ、チンリン。ヒューと銅鑼《どら》を叩《たた》き、あるいは太鼓と、ドキン、ズキンと脈打ち鳴らせば、マラ先血走り、青筋を立て、槍《やり》先《さき》をそろえ、〝我こそは一番乗り〟〝いやさ我が一番槍〟。オメコ勢来たれば、我こそが一突きにせんと、オメコ勢が秘《ひそ》かに張ったる「処女幕」と称《よ》ぶ陣幕《じんまく》を破らんと、やる気満々、湯気《ゆげ》を立て攻め入らんとなす。

一方オメコ勢においては当年十六歳、薄毛《うすげ》の少将《しょうしょう》生《は》え高《たか》をはじめとする面々には、これに続けと、オメコのツユ姫、巾着〆之助《きんちゃくしめのすけ》、数《かず》の子天井《こてんじょう》の姫（〆め）、楠股茂《くすのきまたしげ》・股《また》面《つら》の子孫、大《おお》マンコウ、小万光《こまんこう》、マラ勢来たれば、ひとコスリにて往生《おうじょう》させせん、と蛸《たこ》壺吸取《つぼすいとり》の局《つぼね》、尺八《しゃくはち》の式部《しきぶ》等々、〝陰門《いんもん》サネ処《どころ》の守りは我にまかせ〟と叫び、呼ばわり。

カワラケの露女郎《つゆじょろう》、その腰使いにてゆり子、気がイク御前《ごぜん》、股開《またひら》きのズリ子、誰《だれ》にもサセ子、毛なしの鶴子《つるこ》、安井《やすい》マン光唯乗《こうただのり》、汁野多十郎《しるのたじゅうろう》の娘土手高露姫《どてだかつゆひめ》、久地里《くちざと》のお好《す》き、よがり泣き姫の面々。

槍で来い、カマでよし、前から後ろから来るなら来い。腰で一捻《ひとひね》り、手でシゴキ、素股《すまた》で参らせ、口で果たしてやる、と豪語し、いつでもやり姫、同じく受け子、朝まで駿河守《するがのかみ》の女房、鞍替《くらが》えの女郎長《じょろうなが》サネ等々。

緋縮緬《ひぢりめん》に万光のマン幕を張りめぐらし、布団《ふとん》でよし、野天《のてん》で勝負、これもよし。今にもマラ勢軍、張形《はりがた》勢押し寄せれば〝一《ひと》のみにせん〟とて大股開きで待ち受けたり。

このとき、魔羅軍張形勢のなかより一人の若武者現れ、大音声《だいおんじょう》に呼ばわったり。

「やァ〳〵オメコ勢にもの申す。鮑《あわび》、赤貝ならいざ知らず、蛤《はまぐり》、しじみっ貝の分際で、サネピク〳〵させての名乗りとはしゃらくさい。

遠からん者は音にも聞け、近くば寄って握ってもみよ。我こそは〝陰《いん》〟〝唇《しん》〟〝毛《もう》〟三ヵ国に〝その者あり〟といわれたる、張形勢三本槍の随一、ヒゼンカサカキの城主、千ズリ覚兵衛なり。尋常《じんじよう》・異常の勝負をせん。我の雁首《かりくび》取って巧妙手柄にせよ」

と呼ばわれば。

このとき、〝スワよき敵御参《ごさん》なれ〟とオメコ勢のなかより一人の美しき姫武者《ひめむしや》、馬を躍らせ、騎上位にて陣頭に乗り出し、

「やァ〳〵生意気なるその一言よ。我こそはオメコの国、オメコ郡、オメコ村、オメコ池、大字《おおあざ》オメコ、字《あざ》オメコの生まれ、オメコ駿河守の娘にて、オメコのマン子なり」

と呼ばわり、胸を開き、盛り上がりたる乳房を見せ、打《う》ち物業《ものわざ》は面倒なり、いざ馬から降りて、いざ組まん。

〝オウよ〟と覚兵衛《かくべえ》、鎧兜《よろいかぶと》を後方《うしろ》に放り、ガッキとばかり本手に組み、四十八手の裏表。本間《ほんま》、腰〆め、茶臼《ちやうす》、横取り、こぼれ松葉に百合《ゆり》の根と、互いに全身汗まみれ、秘術を尽くしてのいどみ合い、からみ合い。

目を細め、歯を食いしばり、うっとりと我を忘れ、一上一下《いちじょういちげ》、強く弱く、深く浅く、突き入れ、〆めしぼり。

泣くは鶯《うぐいす》の谷渡り、イクのイカヌのまだ〳〵来いよ、と組んずほぐれつ本番の一騎討ち。〝周囲《あたり》を〟と見れば、〝これに続け〟とあちらに一組《ひとくみ》、こちらに二組《ふたくみ》、なかには二人で一人のオメコ勢を攻めるもあり。もはや〝死ぬ、死ぬ〟とうめき参りし相手を次から次へと雑兵《ぞうひょう》が襲いかかる。というこの合戦は、如何《いか》なりまするやら、今夜のお床のなかでのお楽しみを……。

いや、お粗末《そまつ》でした。この辺で読み切りといたします。

どうでえ。これでもヤリ……いや、〝演りたい〟と思わないのか。

何？　〝思わない〟イ？　左様《さい》でげすか。

線の細いハリウッドで終わる

日本人は、ニューヨーク子やロンドン子の会話の〝風〟を真似《まね》できない。絵画にしても詩歌にしても、そうだ。もし、それを日本人が〝理解《わか》る〟と言ったら、ニューヨーク子やロンドン子は言うだろう、〝冗談言うな〟と。

歌舞伎《かぶき》の勘三郎《かんざぶろう》にしても、その他の演劇にしても、西洋の真似ばかりだ。ピカソが天才と言っても、広重《ひろしげ》の富士には敵《かな》わない。伝統とは、そういうものなのだ。

落語の素晴らしさ、江戸っ子の了見《りようけん》、伝統を大切にする行為は、それら（西洋の真似ごと）とは対極にあるものだ。熊公《くまこう》がいて、八公《はちこう》がいて、ご隠居《いんきよ》がいて、若旦那《わかだんな》がいて、そして大工場《だいくば》にある木《き》っ屑《くず》、そういうものを含めた江戸の〝風〟や〝匂《にお》い〟、それらを大事にしない限り落語は崩壊するのに、いまの噺家《はなしか》は誰《だ》ァれも判《わか》っちゃいない。いくら談志が言っても伝わらない。

私が若い頃は、伝統を大事にする落語家がいて、席亭《せきてい》がいて、客がいた。大事にするだけではなく、伝えていた。

けど現在《いま》は、言わなくなった。誰も何も言わない。楽屋に入ってきて、高座《こうざ》に上がってお笑いを申し上げて下がってきて帰るだけだ。

ずいぶん前の話になるが、三木助門から小さん門に移ってきた入船亭扇橋《いりふねていせんきよう》という噺

家と楽屋で一緒になった。巨人ファンで、野球帽をかぶって楽屋に入ってきた扇橋、高座へ上がって降りてきて、

「ジャイアンツ勝った？　勝った？　勝ってる？」

先輩だったが、許せなかった。で、怒鳴《どな》った。

「手前《てめ》エ、高座で何演《や》ってたんだ、この野郎！」


池袋演芸場で客が騒いでいた。〝静かにさせろ、つまみ出せ〟と言ったら、そこにいた真打《しんう》ちが、

「兄《あに》さん、いいんじゃないですか、あのぐらい」

「だから手前エ、下手《へた》くそで、売れねえんだ、この野郎！」

ま、家元の機嫌も悪かったのだろうが、噺家どものこういう行為、こういう発言は許せない。

そんなに真面目に考えないで、突き詰めずに、

「寄席というものがありましたねえ。面白い奴《やつ》がいましたよ。なかにはこんなことを言った師匠がいてねえ、洒落《しゃれ》た噺でしたねえ」

なんという、ごく〳〵線の細いハリウッドでお終《しま》いなのではないか。〝いいものもあった〟〝素晴らしいものもあった〟とね。

私が元気で、まだ五十代、六十代で……、と言いながら、その歳《とし》ではこんな気持にはならなかっただろうが、『三国志《さんごくし》』やら何やら、もっと違うネタを演れたとしたら、凄《すご》いものができただろう。

けど、それも叶《かな》わぬ夢だ。色川武大《いろかわたけひろ》さんが言ったとおり、〝談志のピークは六十代であったか。その後は、自分でも嫌《いや》だがノスタルジーである。

「ノスタルジーの中にもイリュージョンがあり、新しいネタも演ったし、〝面白《おもしれ》えや〟っていうのにもぶつかっているよ」

そう言ってくる人もいるが、私にはとてもそう思えない。

高座を降りてきた談志が、〝どうでい〟。

と、そこにいた幕の係が「うわ〜」と言いながら抱きしめてきたっけ。

そういう落語は、もうできないのかもしれない。

志の輔、談春、志らくを呼べ。師匠として、言っておきたいことがある。

［＊22］八代目桂文治（かつら・ぶんじ）。本名山路梅吉、一八八三（明治16）～一九五五（昭和30）年。一八九八（明治31）年六代目翁家《おきなや》さん馬《ば》に入門。一九一三（大正2）年七代目翁家さん馬を、一九二二（大正11）年八代目桂文治を襲名。落語協会二代目会長（一九四七～五五年）。

［＊23］金原亭馬の助（きんげんてい・うまのすけ）。本名伊東（一時は小沼）武、一九二八（昭和3）～一九七六（昭和51）年。一九四四（昭和19）年五代目古今亭志《こ こんていし》ん生《しょう》に入門。志《し》ん駒《こま》を経て、むかし家今松《や いままつ》で二つ目、一九五五（昭和30）年金原亭馬の助を襲名し真打ちに昇進。

［＊24］六代目金原亭馬生（きんげんてい・ばしょう）。本名鶴本勝太郎、のちの四代目古今亭志《こんていし》ん生《しょう》。二〇九ページ注参照。

［＊25］三代目古今亭志ん朝（ここんてい・しんちょう）。本名美濃部強次、一九三八（昭和13）～二〇〇一（平成13）年。一九五七（昭和32）年父である五代目古今亭志《し》ん生《しょう》に入門、朝太《ちょうた》を名乗る。一九五九（昭和34）年同名で二つ目、一九六二（昭和37）年古今亭志ん朝を襲名、真打ちに昇進。十代目金原亭馬生《きんげんていばしょう》の弟。

［＊26］五代目三遊亭円生（さんゆうてい・えんしょう）。本名村田源治、一八八四（明治17）～一九四〇（昭和15）年。一九〇五（明治38）年四代目 橘家円蔵《たちばなやえんぞう》門下に入り橘家二三蔵《ふみぞう》を名乗る。一九〇九（明治42）年小円蔵《こえんぞう》で二つ目、一九一二（明治45）年三遊亭円窓《えんそう》と改め真打ちに昇進。一九二二（大正11）年五代目橘家円蔵、一九二五（大正14）年五代目三遊亭円生を襲名する。

［＊27］十代目金原亭馬生（きんげんてい・ばしょう）。本名美濃部清、一九二八（昭和3）～一九八二（昭和57）年。一九四三（昭和18）年父である五代目古今亭志ん生《ここんていしんしょう》に入門。古今亭志《し》ん朝《ちょう》を経て、一九四八（昭和23）年古今亭志《し》ん橋《きょう》で真打ちに昇進。一九四九（昭和24）年十代目金原亭馬生を襲名する。古今亭志ん朝の兄。

［＊28］八代目春風亭柳枝（しゅんぷうてい・りゅうし）。本名島田勝巳、一九〇五（明治38）～一九五九（昭和34）年。一九二〇（大正9）年四代目春風亭柳枝（のちの春風亭華《か》柳《りゅう》）に入門。一九二五（大正14）年春風亭柏枝《はくし》となり真打ちに昇進。柳亭芝楽《りゅうていしばらく》と改めたのち、一九四三（昭和18）年八代目春風亭柳枝を襲名する。

［＊29］柳家小半治（やなぎや・こはんじ）。本名田代藤太郎、一八九八（明治31）〜一九五九（昭和34）年。一九一八（大正7）年頃三代目柳家小さんに入門、音曲師になる。

［＊30］三代目三遊亭小円朝（さんゆうてい・こえんちょう）。本名芳村幸太郎、一八九二（明治25）〜一九七三（昭和48）年。一九〇七（明治40）年父である二代目三遊亭小円朝に入門。一九一七（大正6）年橘家円之助《たちばなやえんのすけ》で真打ちに昇進。一九二二（大正11）年四代目三遊亭円橘《えんきつ》に、一九二七（昭和2）年三代目三遊亭小円朝を襲名する。

［＊31］六代目春風亭柳橋（しゅんぷうてい・りゅうきょう）。本名渡辺金太郎、一八九九（明治32）〜一九七九（昭和54）年。一九〇九（明治42）年四代目春風亭柳枝《りゅうし》（のちの春風亭華柳《かりゅう》）に入門。一九一七（大正6）年春風亭柏枝《はくし》となり真打ちに昇進。一九二六（大正15）年六代目春風亭柳橋を襲名。一九三〇（昭和5）年日本芸術協会（のちの落語芸術協会）を創設、初代会長をつとめる。

［＊32］七代目春風亭小柳枝（しゅんぷうてい・こりゅうし）。本名染谷晴三郎、一九二一（大正10）〜一九六二（昭和37）年。七代目林家正蔵《はやしやしょうぞう》（初代林家三平《さんぺい》の父）に入門し正平《しょうへい》、のちに青枝《せいし》、正太郎《しょうたろう》を名乗る。六代目春風亭柳橋《りゅうきょう》門下に移り、七代目春風亭小柳枝を襲

名、真打ちに昇進。

［＊33］五代目柳亭左楽（りゅうてい・さらく）。本名中山千太郎、一八七二（明治5）〜一九五三（昭和28）年。三代目春風亭柳枝の門人春風亭柳勢《りゅうせい》に入門。一八九六（明治29）年伊藤痴遊《いとうちゆう》門、さらに四代目柳亭左楽の門に移り、一九〇〇（明治33）年柳亭芝楽《しばらく》となる。一九一一（明治44）年五代目柳亭左楽を襲名する。落語睦会会長をつとめる。

［＊34］五代目神田伯龍（かんだ・はくりゅう）。本名戸塚岩太郎、一八九〇（明治23）〜一九四九（昭和24）年。講談師。一九〇二（明治35）年三代目神田伯山に入門。一九一二（明治45）年五代目神田伯龍を襲名する。

［＊35］小島政二郎（こじま・まさじろう）。一八九四（明治27）〜一九九四（平成6）年。小説家。著作に『わが古典鑑賞』『円朝』『鷗外・荷風・万太郎』『場末風流』などがある。

［＊36］五代目一龍斎貞丈（いちりゅうさい・ていじょう）。本名柳下政雄、一九〇六（明治39）〜一九六八（昭和43）年。講談師。一九二五（大正14）年四代目昇龍斎《しょうりゅうさい》貞丈に入門。一九三二（昭和7）年亭号を一龍斎に改め、五代目一龍斎貞丈を襲名。六代目の父。

第四章　そして、三語楼へとたどりつく

「金語楼が欲しいなあ」

三語楼《さんごろう》のことを書く。そのためには、明治から昭和にかけての落語の歴史を書いておく必要がある。といっても、落語の歴史は、家元の過去の本にすべて書いてある。だからこの本では大束《おおたば》に書くだけとする。

落語通《つう》は知っての通り、円朝《えんちょう》［＊37］、燕枝《えんし》［＊38］なぞを頂点とした明治の名人たち。そこへ、幕府の瓦解《がかい》とともに薩長《さっちょう》が入ってきて、つまり、田舎《いなか》の客が寄席《よせ》というところに娯楽を求めた。さァー、そこで受けたのが、毎度言う、明治の四天王《してんのう》だ。ステテコの円遊《えんゆう》、ヘラヘラ踊りの万橘《まんきつ》［＊39］、ラッパ吹きの円太郎《えんたろう》［＊40］、釜掘《かまほ》りの談志［＊41］。

やがて、それらの流れに反抗して落語研究会ができ、三代目小《こ》さん［＊42］、名人と言われた円喬《えんきょう》［＊43］、円右《えんう》［＊44］、円左《えんさ》［＊45］、小円朝《こえんちょう》［＊46］なぞが集まりて繁盛した。

とはいえ、落語会は月に一度の催しで、その会へ出られることが何よりも名誉であったろう。

この〝決められた名人たち〟の後に、いわゆる鶴本《つるもと》の志ん生《しょう》［＊47］、柳家《やなぎや》つばめ［＊48］、そして蝶花楼馬楽《ちょうかろうばらく》、曰《いわ》ク「気狂《きちが》い馬楽」……等々続いて、この会を盛り上げたというか、生きながらえさせてきた。しかしそれとて、三語楼であり、金語楼《きんごろう》であり……なんという爆笑には、観客数の上では敵《かな》わなかった。

柳亭左楽《りゅうていさらく》は、俗に楽屋で「五代目」と呼《い》われた人格者である。噺《はなし》はあまり上手《うま》くなかった。私も聴いたことがある。といっても晩年だから、いや、晩年も晩年も大晩年。威勢はよかったが、黒く固まっちゃったお爺《じい》さんで、その時代の左楽師匠を評価の対象にすべきではない。芸の対象として評価すべきものではないとは思う。けど、あまり上手くない、若き日の芸も判《わか》る。

しかし、人心《じんしん》を操る力はあった。その頃、落語界は、「柳派《やなぎは》」［＊49］と「三遊派《さんゆうは》」［＊50］があり、やがてまとまって「落語協会」というものができていった。それらに対抗して「落語睦会《むつみかい》」［＊51］というのをこしらえ、若手を育てた。これが五代目左楽である。

育てられたのが、桂文楽《かつらぶんらく》、春風亭柳橋《しゅんぷうていりゅうきょう》、柳好《りゅうこう》、エへへの柳枝《りゅうし》［＊52］、そしてその上に右女助《うめすけ》の今輔《いますけ》［＊53］、右女助（のちの小勝《こかつ》）［＊54］、囃子長屋《はやしながや》の今輔［＊55］、エへへの前の柳枝［＊56］……等々がいて、一時は大変に栄えたが、やがて、不景気とともに衰えていった。

よく考えると、落語界は、江戸の粋《いき》な芸が侵されてくると、〝正当な芸を守ろう〟ってンで、団体を作ってきた。けど、作っちゃあ潰《つぶ》れている。〝正当派〟ではないほうに、ことごとく敗《や》られてきた。いまだに、そうだろう。

そうなってくると、団体を作る側が〝正当〟と言っていいものか……。

ついでにいうと、「世の中が不景気になると落語が栄える」という説があるが、どうもあまり信用できない。

で、あるとき会合をして、〝どうしたら観客を呼ぶことができるだろう〟と話し合ったが、何の解決法も出ず、一同シュンとしていた。と、五代目左楽は、「金語楼が欲しいなあ」と言ったそうだ。「いま金語楼が来てくれれば、俺の上に置く」とネ。

左楽は、看板や序列が厳しかったその時代に、そういう発言ができる人であった。

〝睦会を存続させるためには、どんな犠牲も己《おのれ》で引き受けよう〟という男気《おとこぎ》というか、営業センスがあった。

新宿末広亭《すえひろてい》の北村銀太郎《きたむらぎんたろう》さんから聞いた話だが……この話も古い。新宿に「末広亭」っていうのはまだあるのかい？　北村銀太郎さんはとうに亡くなったろう。ご子息も亡くなったろう。お孫さんが営《や》ってるのだろうか。私はまったく縁がなくなった。

で、北村銀太郎さんから聞いた話だが、一同がシュンとしてしまったその会合の場で、よせばいいのに、文楽師匠が、「兄《あに》さん、ガマですよ」てなことを言ったらしい。踊りの助六《すけろく》の前の助六［＊57］師匠、この人は、余興《よきょう》としてガマの這《は》うところを演《や》ってみせるのが売り物であった。その助六師匠を呼ぼう、というこった。そこは、落語家の会合だ。右手と左手でガマの形をつくって、パクッとやる。シュンとしていたその場がワアーッと明るくなるかと思ったら、さにあらず。「バカヤロウー！」と、左楽会長に怒鳴《どな》られたという。

その助六師匠を親に持つ、踊りの助六師匠にその話をしたら、「ちょっと違うんだがな」と言われたが、どう違ったのかは覚えていない。ま、いいや。

文楽と小さんだけは判らない

時代は進み、戦後の落語界を代表する五人、文楽、志《し》ん生《しょう》、円生《えんしょう》、三木助《みきすけ》、小《こ》さん。志ん生の放埒《ほうらつ》、円生もそれに近く、三木助は博打《ばくち》打ち……と、社会の「非常識」の中で生きた実体験がある。これに対して小さんは、どうなのか。判《わか》らない。落語が好きで上手《じょうず》な子が寄席《よせ》の世界に飛び込んで、ただそれっきり。文楽も判らない。

落語は反社会を描く芸能であり、寄席は、人生の半端者《はんぱもの》が集まってくる吹きだまりであった。道楽稼業《どうらくかぎょう》の一つという言い方もできる。寄席は「まともな稼業では暮らせない人間が集まってくる場所」と、色川武大《いろかわたけひろ》さんは解釈していたが、何をかいわんや、である。

さんざっぱら言っているように、落語は「非常識」を肯定し、非常識とは何かといえば、常識を否定するものだ。で、常識とは何だというと、みんなで守らないと、その国なり団体なり村なりが崩れてしまうもの。一例を挙げると、農村での田植えであり、稲刈りである。

農繁期は、〝猫の手も借りたい〟というのだから、当然、人間の手を借りたい。

「おい、お前ン家《とこ》の倅《せがれ》を出せよ」

「田植えには行かないって言ってます」

「なんだって？」

「あんな、ばか〳〵しいこと、やってられねえって。博打のほうが面白いって言ってます」

そういう奴《やつ》を置いておくと村の秩序が保てないから、〝そういう倅は勘当《かんどう》しろ。それができないならお前が出ていけ〟と言われ、いわゆる村八分《むらはちぶ》となる。

日本にはそういう歴史があり、村八分になるのが嫌《いや》だから、村のルール、常識に従って生きるしかなかった。

田植え笠《がさ》でも見ながら、〝卯《う》の花の匂《にお》う垣根に〟なんぞ言ってると実にいいんもんで……とネ。

ところが、それでも〝田植えなんぞ、冗談じゃあない〟という連中が出てきても不思議ではない。〝田植えなんかやるより、博打をしていたほうがいい。吉原《よしわら》で遊ぶほうがいい〟と。

村の常識に従わないからといって、倅を埋めちゃうわけにもいかない。そうすると、〝家《うち》を出ていってくれ〟となり、

「上等じゃねえか。こんなところになんか、いられるか」

と、故郷を出ていく。

それらアウトローが、ヤクザとなり、落語家となったのだ。

だから〝ヤクザと芸人は縁が切れない〟と私は言う。もとは同《お》んなじ類《たぐい》の人間で、どちらかというと悪事をする集団が遊び人、博打打ち、ヤクザとなり、そうではない人間が落語家になった、ということだ。

で、博打打ちや芸人に〝もっと真面目に生きろ〟なんと言うほどナンセンスはないと、私は思っているんでございますがねェ。

おっと、話がまたそれた。戻す。

志ん生は放埒であったが、名人の仲間入りを果たした。

円生は、満州《まんしゆう》に渡って苦労したことと関係があるのか、連れている女が変であった。よく楽屋に連れてきていたので、落語協会の総会で文楽師匠に怒られていた。

「円生さん、いけませんよ。セコですよ。セコい変な女《タレ》連れてきて、いけませんよ」

三木助は博打に身をやつし、女漁《おんなあさ》りも盛んだった。それが晩年、家庭を持ち子を儲《もう》け、幸せをつかんだと思ったら死んだというのは有名な話である。

若い頃、三木助を聴いても面白いとは思わなかった。噺《はなし》が真面目《まじめ》すぎるのか、好きな落語家ではなかった。ところが、聴きこんでくると実にいい。滅多《めった》にないようなマイナーな芸風がいい。

くどいが、小さんは判らない。落語が好きでこの世界に入り、真面目に精進《しょうじん》し、そのうち剣道が好きになって、落語も上手《うま》くなり、でもそれっきり。〝これは面白いや〟というギャグは一発もない。小さん師匠は幸運にも周囲《まわり》に守《も》り立てられてどん〳〵出世していったが、その分、敵も作った。

文楽も判らない。いつの間にか人気を博《はく》し、〝文楽を聴かなければ〟となったが、くどいが、私には判らない。けど、なんとも言えない文楽の雰囲気、落語の雰囲気はあったと、先に書いた。

と、今更《いまさら》これらを語っても仕方あるまい。もう、散々《さんざん》書いてきた。

そういや、うちの女房は、文楽でも円生でも三木助でもなく、「トメさんの文治《ぶんじ》」が大好きだった。聴いているほうにしてみれば、そんなものだ。

“志ん生は三語楼”と気づく

五代目柳家《やなぎや》小さんは、

「上手《うま》いのは三語楼と五代目のデブの円生にウチの師匠（四代目小さん）」

と言っていた。この師匠らの内容やギャグの分析についてなどはなく、

「上手かったよ、ただ三語楼は受けないと長くなってネ……」

と言ってたっけ。けど、それは誰にもあることで、「これが三語楼なのだ」という芸を見せるために長くなる。

その頃の風潮だから、当然、三語楼も、いわゆる本格的な落語、大っ嫌いな表現ではあるが、それを演《や》る。“『三軒長屋《さんげんながや》』の面白さなんというのはなかった”と、師匠小さんの弁の中にあった気がする。

しかし、モダンであり、当時としてモダンという言葉のモダンさ、そして斬新《ざんしん》なギ

初代柳家三語楼

初代柳家権太楼

真ん中で蝶ネクタイをしているのが柳家金語楼。落語芸術協会のパーティで、若き家元が撮影

ャグ。舶来語《はくらいご》を多く取り上げた、また使った新鮮さ。圧倒的な人気である。けど、それらをピックアップして、ポンチ絵派という、いわゆる漫画派の中に無理に入れてしまったような気がする。いや、そうに違いない。

それはその前に、明治の爆笑王、三遊亭円遊《さんゆうていえんゆう》にもあったことであろう。ま、時代といえば時代で、仕方がないかもしれないが、ポンチ絵派がだん〳〵伸ばしてきたのを、拒否するだけ拒否した文士ども。……また始まった。

で、それはさておき、家元はこれまで、「まるで蓄音器《ちくおんき》の犬だね」「女郎買《じょうろか》いの決死《けっし》隊《たい》だね」「骨がなかったら一緒になりたいね。なめくじが羨《うらや》ましいよ」等々、志ん生のギャグを褒《ほ》め称《たた》えてきた。

だが、考えが変わった。というより、〝気づいた〟。

ポンチ絵派と呼《よ》ばれた、金語楼、権太楼《ごんたろう》のナンセンス。先に書いた如《ごと》く、「お父さん、お父さんを見ると、とても他人とは思えない」「当たり前だ」、または「お父《とっ》つぁんと風呂《ふろ》行くくらいなら、死んじゃったほうがいい」等々、それは単なるナンセンスではなく、ものごとの本質を突き、自我を揺さぶる物凄《ものすご》さ。それらが山のようにある。

それらと、また志ん生も含め、〝すべてのもとは三語楼ではないか〟と気づいたのが、ここ二年くらいである。ま、家元、御歳《おんとし》七十歳を過ぎてからのことだ。志ん生のジョークは随分とある。それらはすべて志ん生のものだとずっと思ってきたが、おそらく、志ん生ではないだろう。

気づくきっかけは、竹書房から出したCD集『談志百席』の録音だった。三語楼を録《や》ろうということになり、いろ〳〵調べ、残っている音を聴いた。するど、明治の時代に〝モダンである〟と言われたわけだが、いま聴いてもモダンなのだ。見事なのだ。

また、東京の芸人たちが大阪の吉本に招かれて写した写真を見た。すると、三語楼が一番端《はし》っ子《こ》にいて、ちょっとそっぽを向いていた。それで判《わか》った。私にも同じような了見《りようけん》があるから理解《わか》るのだ。

そう気づいたら、若き談志が聞いた楽屋の話にも信憑性《しんぴよう》が出てくる。口の悪い甚語楼《じんごろう》［＊58］の小《こ》せんが、志ん生の高座《こうざ》を聴いて楽屋で言っていた。

「ああ、あんなもの、円右じゃないか」

「なんだ、三語楼じゃないか」

志ん生の芸を分解すると、円右と三語楼になる。円右は上手いから、あまりギャグは演らなかっただろう。だから、志ん生のギャグは全部、三語楼だと思っていいのではないか。「つかみ込み」である。

私の誤認だろうか。いや、そうとは限らないだろう。


楽屋の悪口を志ん生はどう聞いていたのか。志ん生は売れていたから、〝相手にしてもしょうがない〟と思っていたのか。確かに、屁《へ》とも思っていないように見えた。歯牙《しが》にもかけなかった。いや、〝かけなかった〟のではなく、かける度胸がなかったのではないか。

最近では、志ん生に見られるイリュージョンも、三語楼の影響を受けたのではないかとさえ、思っている。

円朝より権太楼のほうが上

三遊亭円朝は、「落語中興の祖」と呼ばれている。〝円朝が作った〟と言われている落語というと、『芝浜《しばはま》』『文七元結《ぶんしちもっとい》』『牡丹灯籠《ぼたんどうろう》』『四谷怪談《よつやかいだん》』『真景累ヶ淵《しんけいかさねがふち》』『死神《しにがみ》』『鰍沢《かじかざわ》』などがある。

落語の凄《すご》さ、狂気、自我は、円朝よりもっと前、江戸時代の庶民のものだと私は思っている。であるからにして、〝円朝を観《み》に行く〟と言ったら、当時はバカにされたのではないか。〝女子ども〟が観客だったのではないか。

ま、一種の流行だ。「お岩さん、かわいそうねえ」「見ました？　怖かったですねえ」などと語りあうもの、現在の「韓《かん》ドラ」程度のものだったという気がする。

落語にかぎらず、物事ができあがっていくプロセスについてはエピソードがある、というか、作られる。それらは必ずしも事実ではなく、物語として作られるのだ。

円朝についても、山岡鉄舟《やまおかてつしゅう》に師事したとか、ああだこうだ、いろ〳〵とエピソードが残っているが、似たようなエピソードは、華道にも茶道にもあるだろう。

結論を言うと、私は〝何が、円朝だ〟と思っている。その頃は珍しかったかもしれないが、唯《ただ》それだけだ。〝円朝を聴いたら、とても〳〵別の噺家《はなしか》の噺は聴けたもんじゃあない〟なんと言われたそうだが、何を聴いて言っていたのか。

ま、『死神』は面白い。けど、巷間《こうかん》伝わるように、本当に海外の文学を円朝が翻案《ほんあん》したものなのか。もっとも、円朝が自分で作れるとは思わないが。

仮に円朝が『死神』を作ったというのならば、それだけは評価する。だが、同じ「死」の噺でありながら、『真景累ヶ淵』等々の怪談噺《かいだんばなし》と『死神』はつながらない。くどいが、『真景累ヶ淵』等々の作品は、レベルが低すぎるだろう。

船に乗ろうとして、何かがひっかかっていて気になって見てみると、〝ウエ〜〟と殺された人間が出てくる。で、別のところでも〝ウエ〜〟とまた出てくる。

怪談噺は気味が悪いことだけは確かだ。当時、人間の死後を表現し、人間を諌《いさ》める目的で幽霊というものが必要だったのだろう。

『鰍沢』も、大した作品ではない。

「転び〳〵逃げていく。後ろからお熊《くま》が追っかけてくる。火縄《ひなわ》がちらっ〳〵と見えてくる」

真っ白な雪に覆《おお》われた草原に、〝火縄がちらっ〳〵〟というのは、絵にはなるかも

しれない。けど、

「旅人は逃げてく〳〵、〝ここまで来れば〟と、ふいと前を見るってえと、鰍沢の渓流が〝デェーン〟と。〝あーっ〟と思ったときに〝ダーン〟！」

安っぽいドラマにはなるが……である。

それよりずっと上だ、三語楼のほうが、権太楼のほうが、金語楼のほうが。「私、食べませんよ」のほうが。

ちなみに、「私、食べませんよ」は、権太楼の『猫《ねこ》と金魚《きんぎょ》』のなかのフレーズだが、三語楼に近いと私は見ている。

三語楼がいま生きていたら、談志の高座《こうざ》に近いものであっただろうと思う。時代が違うから、そのまま演《や》ったらアナクロだが、それを取っ払ってしまえば、似ていたに違いない。

逆に言うと、談志の高座を楽屋が聴いて、〝なんだ、三語楼じゃねえか〟なんと言われても仕方がない部分がある。勿論《もちろん》、それは偶然の到達点であるから、〝ようし、こい〟と談志は受けて立つ。

ただし、三語楼は私のようなメチャクチャなことはしないであろう。その意味では、談志と三語楼は違うのだが、似ていることは確かだろう。

少なくも、〝三代目小さんと談志〟という組み合わせはあり得ない。

やはり、三語楼である。

二代過ぎれば判らなくなる

人々が惚《ほ》れた落語、惚れた対象が、文楽、志ん生、円生、小さん、三木助……という時代があって、次の段階として、談志の落語に惚れている人々がいる。どこまでも独演会を追っかけてくるファンたち。他の演者にも、それはあるだろう。けど、それらが二代続くことはない。次の代になれば、談志の落語も何も、判《わか》らなくなってしまうだろう。それは承知である。

現代には録音や録画という技術があるから、私の声も姿も大量に記録されている。だから将来、〝ああ、これかァ、あの野郎が言っていた落語自我ってえのは、イリュージョンてえのは〟と気づく連中が出ないとも限らない。だが、それはごく〳〵少数の人間であって、大衆においては、判らなくなるだろう。

そも〳〵言葉が判らない。「岡惚《おかぼ》れ」どころか「片思い」の意味も、近い将来、判らなくなるだろう。

『狸賽《たぬさい》』なんという落語を演《や》っても、「賽《さい》の目《め》」は判るのか、いや、サイコロを見たことも触ったこともない連中は、「サイコロ」と言っても判らないだろう。


私はこれまで、落語に使われている言葉や情景が〝判らなくなる〟という論調には、随分と抵抗してきた。〝偉そうなことを言うが、じゃあ、談志《おまえ》は吉原《よしわら》を知っているのか、船宿を知っているのか〟と言えば、知らない。けど、その時代に生きていなくても、脈々と受け継がれてきた伝統を大切にしていれば、リアルタイムで知らなくても落語で表現できると考えてきたからだ。

だが、もうダァメ、駄目だ。

「ちょいと、仲人《なこうど》ン処《とこ》ォ行って相談してこよう」

「こっちは、洗い晒《ざら》しの浴衣《ゆかた》二枚、好きで重ねて着てるわけじゃないんだよ」

このニュアンス、シチュエーション、判らねえだろうなァ。

〝ナンダカワカラナイことを言う面白い人〟なんという残り方をするしかないだろう。落語家は。

家元、いつものように電車に乗っていた。すぐそばにいたのが、親子連れ。

「だからァー、引っ越しっちゃったほうがいいんだよねえーーーー」

これ、子供ではなく、母親と父親の喋《しゃべ》りである。

そのイントネーションと落語とは、絶対につながらない。で、毎度言う如《ごと》く、こんな奴《やつ》らでも生殖能力を持っているから、子供が生まれる。さらにまたその子供が生まれる。この連中が落語を聴くわけがない。いや、たとえ聴いたとしても、江戸の〝風《かぜ》〟〝匂《にお》い〟〝粋《いき》〟、江戸っ子の〝了見《りようけん》〟〝品《ひん》〟〝美学〟……、理解《わか》ろうはずがない。

「最後の落語家」か、「異端分子」か

結局、談志《わたし》が最後なのか。

落語をきちんと演《や》る落語家、面白い落語家等々は、いるだろう。けど、古典落語を分解し、自我やイリュージョンをぶち込み、それらを発言し、本に書き……それらは

最後ではないか。

「〝最後だった〟という落語家は、それほど凄《すご》かったのですか」

〝結構凄かった〟とは思う。けど、ご存知のように〝談志教〟やら〝異端分子〟と言われてきたのが談志である。〝てェほどのもんでもなかったですよ〟となるのか。

いまの私にもう少し体力があれば、落語をある程度は救える。けど、もうダメ。多《た》勢《ぜい》に無《ぶ》勢《ぜい》であり、

〝俺の言っていることが理解《わか》る奴《やつ》ァ、この指止まれ〟

なんというところで演るしかないのだ。

いまの世の中、通りすがりにいきなり、後ろから突き飛ばしたりする奴がいる。これ、最初のうちは、一つの行為というか、発狂に近い、内的自我の崩壊かと思っていた。ならば理解るのだが、どうもそうではないようだ。ナンダカワカンナイ。

だから家元、脇《わき》や後ろにも気をつけるようになった。うっかりしていると、突き飛ばされるんじゃないかと思ってネ。うまく突き飛ばしてくれればいいけどネ、中途半端に救われたら堪《たま》らないからネ。

世の中、沙汰《さた》の限りである。
〝そんなことは、兼好法師《けんこうほうし》の昔から、みんなが言ってきたことじゃないか〟
〝今更《いまさら》、談志《おまえ》が言うほどのもんじゃないよ〟
はい、左様《さい》でした。

［＊37］初代三遊亭円朝（さんゆうてい・えんちょう）。本名出淵次郎吉、一八三九（天保10）〜一九〇〇（明治33）年。一八四五（弘化2）年小円太《こえんた》で初高座。父の師匠三遊亭円生《えんしょう》に入門、一八四九（嘉永2）年二つ目に昇進。一八五五（安政2）年三遊亭円朝と改め真打ちに昇進。多くの創作落語を発表、「落語界の中興の祖」といわれる。残した数多くの創作人情噺は一九二七（昭和2）年発行の『円朝全集』に収録されている。

［＊38］初代談洲楼燕枝（だんしゅうろう・えんし）。本名長島伝次郎、一八三八（天保9）〜一九〇〇（明治33）年。初代春風亭柳枝《しゅんぷうていりゅうし》門下で、春風亭伝枝から初代柳亭燕枝となり、のちに談洲楼を名乗った。

［＊39］初代三遊亭万橘（さんゆうてい・まんきつ）。本名岸田長右衛門、一八四七（弘化4）〜一八九四（明治27）年。三遊亭円朝《さんゆうていえんちょう》門に入り万朝、のち二代目三遊亭円橘《えんきつ》門に移り三遊亭万橘を名乗る。

［＊40］四代目橘家円太郎（たちばなや・えんたろう）。本名石井菊松、一八四五（弘化2）〜一八九八（明治31）年。三遊亭円朝門に入り万朝から円好《えんこう》となり、さらに名跡橘家円太郎を名乗る。

［＊41］四代目立川談志（たてかわ・だんし）。本名中森定吉、生年未詳〜一八八九（明治22）年。二代目桂才賀《かつらさいが》門下で才二郎、のち六代目桂文治《かつらぶんじ》門下になり、文鏡《ぶんきょう》から四代目立川談志を襲名する。

［＊42］三代目柳家小さん（やなぎや・こさん）。本名豊島銀之助、一八五七（安政4）〜一九三〇（昭和5）年。初代柳亭燕枝《りゅうていえんし》門下で燕花。二代目禽語楼《きんごろう》小さん門下で柳家小三治《こさんじ》から三代目柳家小さんを襲名する。

［＊43］四代目橘家円喬（たちばなや・えんきょう）。本名柴田清五郎、一八六五（慶応元）〜一九一二（大正元）年。三遊亭円朝《さんゆうていえんちょう》門下で朝太から円好。一八八七（明治20）年四代目橘家円喬を襲名し真打ちに昇進。

［＊44］初代三遊亭円右（さんゆうてい・えんう）。本名沢木勘次郎、一八六〇（万延元）〜一九二四（大正13）年。一八七二（明治5）年二代目三遊亭円橘《えんきつ》に入門。一八八二（明治15）年三遊亭円右と改名。

［＊45］初代三遊亭円左（さんゆうてい・えんさ）。本名小泉熊山、一八五三（嘉永6）～一九〇九（明治42）年。三遊亭円朝《えんちょう》に入門。一八八五（明治18）年頃三遊亭円左を襲名。

［＊46］二代目三遊亭小円朝（さんゆうてい・こえんちょう）。本名芳村忠次郎、一八五七（安政4）年～一九二三（大正12）年。一九〇四（明治37）年二代目三遊亭小円朝を襲名。

［＊47］四代目古今亭志ん生（ここんてい・しんしょう）。本名鶴本勝太郎、一八七七（明治10）～一九二六（大正15）年。二代目古今亭今輔《いますけ》に入門今之助《いまのすけ》を名乗る。一九〇四（明治37）年雷門小助六《かみなりもんこすけろく》と改名。一九一〇（明治43）年古今亭志《し》ん馬《ば》となり真打ちに昇進。一九一二（大正元）年六代目金原亭馬生《きんげんていばしょう》、一九二四（大正13）年四代目古今亭志《し》ん生《しょう》を襲名する。

［＊48］二代目柳家つばめ（やなぎや・つばめ）。本名浦出祭次郎、一八七六（明治9）～一九二七（昭和2）年。麗々亭柳橋《れいれいていりゅうきょう》に入門。三代目柳家小さん門下に移り一九一三（大正2）年二代目柳家つばめを襲名する。

［＊49］柳派（やなぎは）。江戸（東京）落語の一派。祖は初代麗々亭柳橋《れいれいていりゅうきょう》。江戸から明

治期にかけて初代談洲楼燕枝《だんしゅうろうえんし》（柳亭燕枝）を中心に三遊派に対抗。

［＊50］三遊派（さんゆうは）。江戸（東京）落語の一派。祖は初代三遊亭円生《えんしょう》。江戸から明治期にかけて初代三遊亭円朝《えんちょう》を中心に柳家派に対抗。

［＊51］落語睦会（らくごむつみかい）。一九一七（大正6）年五代目柳亭左楽《りゅうていさらく》が四代目春風亭柳枝《しゅんぷうていりゅうし》らと設立。

［＊52］七代目春風亭柳枝（しゅんぷうてい・りゅうし）。本名渡辺金太郎、一八九三（明治26）～一九四一（昭和16）年。一九一〇（明治43）年五代目柳亭左楽《りゅうていさらく》に入門。一九二〇（大正9）年痴楽《ちらく》で真打ち、一九三四（昭和9）年七代目春風亭柳枝を襲名する。

［＊53］四代目古今亭今輔（ここんてい・いますけ）。本名中島市太郎、一八八六（明治19）～一九三五（昭和10）年。初代三遊亭円右《さんゆうていえんう》門下で三遊亭右女助《うめすけ》、一九二六（大正15）年四代目古今亭今輔を襲名する。

［＊54］六代目三升家小勝（みますや・こかつ）。本名吉田邦重、一九〇八（明治41）年～

一九七一（昭和46）年。一九三一（昭和6）年八代目桂文楽《かつらぶんらく》に入門。一九三七（昭和12）年桂右女助《うめすけ》で真打ちに昇進。一九五六（昭和31）年六代目三升家小勝を襲名する。

［＊55］五代目古今亭今輔（ここんてい・いますけ）。本名斎藤（のちに鈴木）五郎、一八九八（明治31）～一九七六（昭和51）年。一九一四（大正3）年初代三遊亭円右《さんゆうていえんう》に入門。三遊亭右女助《うめすけ》（のちの四代目古今亭今輔）門を経て、一九一九（大正8）年柳家《やなぎや》小さん門下となり真打ちに昇進。一九四一（昭和16）年五代目古今亭今輔を襲名する。落語芸術協会二代目会長。

［＊56］六代目春風亭柳枝（しゅんぷうてい・りゅうし）。本名松田幸太郎、一八八一（明治14）～一九三二（昭和7）年。三代目柳家小さんに入門。その後四代目春風亭柳枝門に移り小柳枝で真打ちに。一九二一（大正10）年六代目春風亭柳枝を襲名する。

［＊57］六代目雷門助六（かみなりもん・すけろく）。本名青木鏡太郎、一八八三（明治16）～一九三四（昭和9）年。四代目柳亭左楽《りゅうていさらく》に入門。一九一〇（明治43）年六代目雷門助六を襲名。八代目助六の父。

［＊58］二代目古今亭甚語楼（ここんてい・じんごろう）。本名田中秀吉、一九〇三（明治36）〜一九七一（昭和46）年。一九一九（大正8）年初代柳家三語《やなぎやさんご》楼《ろう》に入門。一九四三（昭和18）年古今亭志《し》ん馬《ば》で真打ち昇進。一九四九（昭和24）年三代目柳家小せん、一九五八（昭和33）年二代目古今亭甚語楼を襲名する。

第五章　芸は、客のために演るものなのか

客もグロテスクを喜ぶ

芸能の本質論、芸人の魂《たましい》、これらを書いていて、空《むな》しくなってきた。解説する必要があるのか。最初に書いた、落語とは何なのか、そもそも決める必要があるのか。

「落語とは何なんだと言ったって、具体的に書いてないじゃないか、お前」

はい、その通りです。

強《し》いて言わせてもらえば、談志、または談志を育てた東京の街、そこに住む東京人たちが〝よし〟とした芸、あ・うんの呼吸。〝粋《いき》なもんだ〟というフィーリング。それらを表現するものが落語という芸である。

そのフィーリングは、たとえ「艶笑噺《えんしょうばなし》」という名のピンクジョークを演《や》っても失わないものだ。

私は、艶笑噺は一番難しいと思っている。多くはグロテスクとなり、また客もグロテスクを喜ぶ。だから、難しい。

勿論《もちろん》、私も演る。演るが、それはサラッと演る。艶笑噺を演っても〝粋なもんだ〟となられければ、落語家が演る意味がない。

例を書いておく。

プレイボーイが二人。

「おい、あそこを通るの、あらバージンだぞ」

「いやァー、バージンじゃねえよ」

「いや、バージンだ」

「違う」

「じゃ賭《か》けようか」

「うん」

「いつまで」

「あしたまで」

で、二人が賭けた。翌日会って、

「負けたよ。バージンじゃなかったよ」

「いや、俺の負け。バージンだった」

落語とは、立川談志である。私に質問してくれれば、すべて分解してやる。てなことをさんざっぱら偉そうに書いてきたが、判《わか》るゥ？

そう、〝判る〟のかい。……ほんとかい？　おい、嬉《うれ》しいね。よォん、よォん。

よみうりホール『芝浜』の真意

二〇〇七年の暮れ、有楽町《ゆうらくちょう》のよみうりホールでの恒例の独演会。演目は、これまた恒例の『芝浜《しばはま》』であった。これは私にとっても客にとっても、忘れられないものになった。

その己《おのれ》の芸、〝あれはいったい何だったのだろう〟と今でも時折考える。

昔は、ちょいポロリくる『芝浜』を忠実に演《や》っていた。働かない亭主が芝の浜で金の入った財布《さいふ》を拾ってきて、酒を飲んで眠ってしまった。棚から牡丹餅《ぼたもち》で大金をつかんだら、亭主はます〳〵駄目ンなる。そこで目を覚ました亭主に「財布なんか拾ってこない。夢を見たんだろう」と女房は嘘《うそ》をつき、亭主を働かせる。亭主は酒をやめ、真面目《まじめ》に働き、借金も返して暮らしに余裕が出てきたある年の大晦日《おおみそか》。〝もういいだろう〟てンで、隠しておいた財布を女房が出した。判《わか》りやすくいうと、よく称《い》う〝内助《ないじょ》の功《こう》〟〝出来た女房〟の人情噺《にんじょうばなし》となる。

その後は、それをそのまま演るのは照れるから、変えた。大家《おおや》から指示されて女房がしかたなく亭主を騙《だま》したことにして、「大家に言われてお前さんを騙していたけど、ごめんね。捨てないでね」と、女房に言わせていたのだ。

で、その、二〇〇七年十二月のよみうりホールだ。この演り方にも飽きたから、〝伝法《でんぽう》な魚屋のおっ嬶《か》ァで演ってみるか〟と考えて、高座《こうざ》に上がった。

最初は、せい〳〵女房の口調が変わるぐらいであったが、最後に、隠しておいた財布を出して〝これ〳〵こういうわけだ〟と説明しているうちに、女房が突然、

「もう嫌《や》だ、あたし、こんなの」

と言い出す。

「もう嫌だ、よそう。お前さん、酒飲んじゃおう。ね、飲もう」

この女房のセリフは、己に女房が乗り移って言っていたようでもあった。

「こんな落語、嫌《きら》いだよ」とネ。

『芝浜』は、多くの噺家《はなしか》が演る。立川流《うち》の弟子も全員演る。それだけ易《やさ》しい落語ということだ。この落語ができなきゃあ落語家を辞《や》めたほうがいいくらいである。

しかし、こうとも言える。つまり、「私には『芝浜』はできません」と言える奴《やつ》のほうが芯《しん》がある。もっと言えば、そう言える人間のほうを、私は芸人として買う。

〝暮れになると聴きたくなる談志の『芝浜』〟となり、「談志さん、演ってくださいよ」と、独演会に客が詰めかけてくる。で、毎年『芝浜』を演りつづけてきた。長く演っていれば、いくらか変化もあるだろうし、その晩の身体《からだ》の調子によって、噺の様子も変わってくることはある。また、己の発見もある。

けど、〝もう演ってらんないよ〟というところまで行ってしまった。

これからどうする。

「そこまで行かなくたっていいじゃないか。談志、そこまで演る必要はないよ。可愛《かわい》い女房で演ればいい。客は喜んでるじゃないか」

芸は、客のために演るのだろうか。

勿論《もちろん》、入場料分は楽しませなければならないだろう。けど、あえて言う。

「談志が〝いい〟と称《い》うものを〝いい〟と言う客だけが談志を聴きにくればいい。それを〝否《いな》〟と言う人は、どうぞご自由にお帰りください。おいでにならなくも結構です」

世間で言うところの傲慢《ごうまん》、談志が称う自信。

「庶民は相手にしない」と決めた日

若い頃は、いい芸を演《や》れば、客はシュンとして聴くと思っていた。ナニ、それは芸だけに非《あら》ズで、食べ物であろうが、音楽であろうが、演劇であろうが、素晴らしければ素晴らしいほど、言葉は出ないはずだ、とね。

ところが、そうではなかった。

楽屋で、またはその他で、落語の話を、芸の話を、日本の将来の話をして、「今日はありがとうございました」と、若き談志が感謝の気持ちを表したそのすぐあとに、

「俺、こないだ、女郎買《じょうろか》いに行って、酷《えれ》え目にあっちゃってよォ」

さっきまで、この人たちと話していた日本の将来の話とか、芸の話は何だったのか。似たり寄ったりのことが何度もあり、ついに私は「庶民は相手にしない」となった。〝俺の落語を好きな客だけを相手に落語を演ろう〟と決めた。

その後は、ご承知の通りの傲慢《ごうまん》となり、〝客は俺の道具みてえなもんだ〟という考え方で演ってきた。

「談志さんのお辞儀は丁寧《ていねい》ですねえ」と言われるが、私としては普通にお辞儀をしているつもりであって、大した意味はない。〝来ていただいてありがとうございます。心からの感謝を込めて〟そんなものはない。

〝俺が存在するから客がいるのだ〟と思っている。そりゃそうだろう。芸人が舞台に上がるから客がいるのであって、屏風《びょうぶ》しかないところへ客が来るわけがない。

「お客様はありがたいです」くらいなら判《わか》るが、「お客様は神様です」なんと言うのは、バカとしかいいようがない。あんな客が神様だったら、世の中が滅茶苦茶《めちゃくちゃ》になってしまう。

とは言いつつ、「聴いてくれてありがとう」くらいの気持ちは私にもある。「おはようございまーす。お元気そうですね」と同じようなものだ。

「笑うな、この野郎」

客が笑って嫌《いや》になるときも多々《たた》ある。〝こんなところで笑いやがって、この野郎め〟ということだ。

こないだも、あった。客が笑うから、高座《こうざ》から客に向かって思わず聞いた。

「そんなに面白い？　この噺《はなし》のここんところ」

もっと言やァ、

「笑うな、この野郎」

である。

だから聴くほうは大変だろう。どこで笑うべきかも考えながら談志の落語を聴かなければならないのだから。

客がどこでどう笑うかによって、その客がどれほど落語を知っているのか、どれだけ談志の落語を聴いてきたかが判《わか》る。というより、それ以前に、高座から客席を見ると、上がってから一〜二分もあれば、その日の客がどんな客であるかが判る。

やれ〝間抜けな面《つら》してやがるな〟とか、やれ〝こいつは初めて来たな〟なんというところまでは判る。

なかには、笑わない客がいる。それは、談志の落語を理解し、腹の中では笑っても、それを顔に出したり、呵呵大笑《かかたいしょう》しないという連中だ。

で、あるとき、笑わない客が前のほうに座っていて、理解《わか》っている客だから笑わないのかと思っていたら、くだらないジョークで「ワァハハハ」。理解って笑わなかったのではなく、理解らなくて笑わなかっただけだったのだ。

つまり、私の〝考え過ぎ〟というやつだ。

これを「力負け」という。

考えてみれば、そういう〝何も理解っていない〟客ばかりが来ていたのが寄席だった。

「立川流は寄席に出ないから、弟子がだめなんだ」

「おい、よせよ。寄席が嫌だから飛び出したんじゃないか」

こうやって罵詈《ばり》雑言《ぞうごん》を喋《しゃべ》ったり書いたりしているが、私自身は自分のことを決して「偉い」とは思っていない。その辺が、私の偉いところだ。〝おーい〟……。

私のことを、やれ〝偉そうにしてる〟〝威張っている〟、若いときは〝生意気だ〟と言う奴《やつ》は多々あれど、こっちからすれば、〝手前《てめ》ェたちが言いたくても言えないこと、それ以前に気づいてもいないことを言ってきただけ〟となる。

それを〝威張っている〟〝偉そうだ〟と言うのであれば、言っている奴のレベルが低いということった。私との直接対決をせずに逃げて、陰で悪口を言っているのだ。

「俺の悪口、言ってただろう」

「本当だから怒ってるの？　嘘《うそ》だから怒っているの？　まずそこから聞こうじゃないか」

談志は、そんな会話の成立を望んでいるのに、いまだ成立をみたことがない。

〝やっぱり偉そうじゃないか！〟

いやはや、どうも……。

もう、俺の出番ではない

弟子たちはいま、だめな見本を見ている。

朝から酒を飲む。食欲はないが、食べられないわけでもない。刺身《さしみ》ィ食べたり、豆ェ食べたり、アボカドォ食べたり、〝栄養がある〟と自認しているものを食べたりはしている。

家元はモテるから、といっても色恋に非《あら》ズで、〝談志さんの話が聞きたい〟の、〝落語の勉強をしたい〟のと、人が寄ってくる。

嬉《うれ》しいことではある。

けど、もう嫌《いや》だ、疲れた。

もう、それは俺の出番ではない。

志《し》の輔《すけ》がやれ、談春《だんしゅん》がやれ、志《し》らくがやれ。

ずばっといえば、俺と人生を過ごした奴《やつ》だけが落語を覚えたのだ。「談志」という存在を含めて。

くどいが、私が落語家になった、その頃の伝統芸術はしっかりしていたから、変な空気を入れなかった。入れようとすると、「お前、誰に教わったんだ、それは」「そんな噺《はなし》が聞けるか」と一喝《いっかつ》された。

芸術協会と落語協会、それぞれ十四人ずつくらいの真打《しんう》ちの数であったから、空気を壊すような落語を演《や》れば、すぐに判《わか》ってしまう。で、修業をして修業をしてやっと自由が許されるようになるわけだが、そこに行くまでには、大きくて綺麗《きれい》な花束があり、宝石箱がある。

けど、いまの落語家はそれらの存在にも気づかないまま、ずけ〳〵と踏んづけながら入ってきて、〝落語家でございます〟となる。

ひどい奴《の》になると、〝テレビに出ることが最高に嬉しい〟。

無残《むざん》である。

家元のチケットに何万円というプレミアがついた、と聞いた。〝凄《すご》いですねえ〟と人は言うが、冗談言っちゃあいけない。

家元、世間様になんとお詫《わ》びをしていいか、判らなかった。

気障《きざ》と言うなら言え。

バカな落語家なら喜ぶかもしれないが、俺はやっぱり嫌だ。〝落語なんて、そんなに払って聴くもんじゃないよ。自分の幸せをもっと考えなよ〟と言いたくなる。

〝金さえあればチケットが手に入る〟なんという、そんな奴に落語が判るわけがない。

「何しに来た」と聞いてみたい。これまでの人生で、言われたことがないだろう。

「聴きたいんだからいいじゃないか」「来るも来ないも自由じゃないか」と言われるのか。

それも一つの道理かもしれないが、

「お前がいくら払ったって、お前には聴かせたくないよ」

これも一つの文化である。

アプレゲールと健康剤

家元あまり〝若き失敗〟がない。いや、己《おのれ》が判《わか》らなかっただけなのか、相手が我慢したのか、〝たかが若者〟と放《ほ》っといたのか。〝あんときゃ参った、現在《いま》思っても赤面《せきめん》の至《いた》り〟というのがない。

能天気《のうてんき》だから忘れちまったのか。いや、一つ覚えている。

一龍斎貞丈《いちりゆうさいていじよう》先生は若者を連れ、社会勉強か、よく飲みに連れていってくれた。あるとき言われた。内容は覚えてないが、「あんまり言うものではないよ」であったか、これに近い。あの先生のやさしい大人の会話であったろう。

しかし考えてみると、貞丈先生、その頃幾歳《いくつ》か。四十代ではあるまいか。行って五十代を一つか二つ過ぎた頃か。つまり充分に大人だったのだ。〝芸だけではなく、パーソナリティにおいても優れていた社会人〟と、その頃から思ってはいたが、それに応えようとしたのか、この家元のガキはパァ〳〵喋《しやべ》ったのだろう。

この世界の矛盾《むじゆん》を話したように覚えているが、それを貞丈先生にたしなめられたという顚末《てんまつ》である。

これは、本来ならば赤面だろうが、さほどでもなかった。さすがに、〝どうでい〟と胸を張るまでの認識ではなかったが、少なくも、言い過ぎ、やり過ぎという反省はなかった。

けど〳〵、ふと考えると、この歳《とし》になり、若い弟子に〝生意気言うな〟という感情を持つことしきりであるが、それもいささか力がなくなってきたか。いや、〝いいんだよ、若いんだから〟と、若き日の己と重ねてもいて、怒らなくなったとも言える。これも年月というのか……。

このときだったか、別のときであったか。貞丈先生を相手に、同様にはしゃぎ、喋りまくったのか、この世界の疑問をぶつけたのか。今思っても、そこそこロジカルだったと思うが、パァ〳〵喋ったことは事実だったろう。

「アプレだねェ……」

これは今でも、貞丈先生の説明を覚えている。アプレは、アプレゲールのことだ。懐かしいなァ。おお「アプレゲール」よ……。

このアプレゲールのなれの果て、今は我が家で能書きをこく気も起こらず、ま、話しても相手が理解《わか》らない、ということもあり、俺様だけが遊離《ゆうり》しているのか、狂気の世界に入っているのか。

たまに喋りかけても、誰《だ》ァれもついてこれない。理解らない。

で、独《ひと》り、薬とビール、にんにく玉、ディック・ミネの倅《せがれ》の健二朗《けんじろう》クンの送ってくる酒樽《さかだる》ではない「ミネ水」というミネラル水、肝臓の薬というウルソ、玄米を健康食品にした「ハイゲンキ」という名の粒子、青汁《あおじる》、ロイヤルゼリー、ツムラの7番。これらは、昔と比べれば三分の一の量とはなりにけりなれど、そんなモノを食って座卓の前でかろうじて生きている。

おっと、食ってるものは、まだある〳〵。木の実、木の葉、野生のナンダロナー、なんだか判んないのをこねたり練ったりしたモノ、その数が多い。これらで病が治った人もいたのだろう。その善意で送ってきてくれるファンの親切……。

ご隠居《いんきょ》さんよ、ええ？　何ィ？　〝全部飲め、食え、何かが当たるよ〟？

けど、妙に当たって腹ァ下《くだ》したら……。

おい、何だこりゃ。落語論とやらの口幅《くちはば》ったい文句をぶち上げたくせに、アプレゲールと健康剤かいな。

あとがき

昔の人が聴いても納得させた若き日のこの俺、いや俺たち。「落語には後継者がいますね」と、石川淳《いしかわじゅん》だったか、小島《こじま》（政二郎《まさじろう》）先生だったか、はたまた志賀直哉《しがなおや》だったかに言わせせたもんだ。「若手落語研究会」の頃だった。

柳家小ゑん《やなぎやこ》、その種《しゅ》の客が来ていると、他の客は無視というか、笑いを呼ぶギャグも捨て、サラリと古典を演じ、それらの客から拍手を貰《もら》ったもんだ。で、その評価は〝面白いネ〟でもなきゃ、ただ〝いいネ〟ということ。

ふと思い出したが、後年、作家の杉森久英《すぎもりひさひで》が私を取材した。新宿末広亭《すえひろてい》と池袋《いけぶくろ》演芸場の二箇所。若い私は当然意識もしたろう、新宿では〝どうでい、上手《うま》いだろう〟と『品川心中《しながわしんじゅう》』、で池袋は『平家物語《へいけものがたり》』。杉森氏、「池袋で演《や》ったほうがズンと面白い」と言ったっけ。

杉森氏は落語通《つう》には見えなかった。それだけに考えさせられたっけ……。で、現在《いま》では、〝ただ上手かった〟だけの『品川心中』より自作の『平家物語』のほうが面白い、と共感できる。

当時の落語通は、東京人の寄席《よせ》の、芸人の雰囲気が解《わか》っていた。いや、そういう芸人を愛した。で、寄席に行った。結果、〝笑わせる〟ということを、噺家《はなしか》も〝よし〟とはしなかった。

高座《こうざ》を降りてきて、〝悪受《わるう》けをしちゃったい〟とは、よく聞く言葉であり、客はその芸人たちを通して、江戸の、明治の、東京を味わっていたのだろう。

余談だが、一緒に連れていかれたガキは堪《たま》らない。ナンダカワカンナイから退屈する。で、飴《あめ》や駄菓子《だがし》を買ってもらいたさで一緒に出かけた。ま、曲芸、手品などでいくらか退屈をしのいだ。

ところが、なかにゃ、この雰囲気が好きになるガキがいるのだ。ナニ、寄席、落語ばかりに非《あら》ズで、歌舞伎《かぶき》にも、小芝居《こしばい》にも、宝塚《たからづか》にもそれは言える。〝解りやすい〟芸種であることもあろうが。

立川談志、昔々、浦和《うらわ》の公会堂だったか、『らくだ』を演った。最前列で見ていたピカ〳〵の中学生（いま、こんな姿は見られない）、中学生の服装を軀《からだ》に張って着ていた二人、落《さ》げたとたん、二人して〝グウ〟と言ったっけ。

話が右に左に飛ぶが、立川流の弟子には、場違いな奴《やつ》はそんなにいない（中にゃ、当然、場違いな奴もいるがネ、師の情けだ、名前だけは書かないでやる）。ちゃんとしていても売れないのもいるし、ちゃんとしてなくても売れているのもいる。けど、私の好む寄席のムードを壊してはいないのだ。

それは昔の噺家にも言えた。爆笑を呼ぶがイヤらしくないのだ。いい例が、春風亭《しゅんぷうてい》柳枝《りゅうし》の如《ごと》く……と書いても、もう過去のこと、これまた判《わか》るまい。

で、でネ、家元はネ、それらにも飽きた。不快な噺家にも、好ましい落語家にも。ちなみに、「噺家」と「落語家」は私の中で違うのだ。ただ喋《しゃべ》ってるのが噺家で、談志好みの連中を落語家と称《い》い、これらの者は落語を演っていて、噺家とは違う。噺家は話をしてるだけなのだ。それも下手《へた》でイヤらしく、下品で……。

くどいが、飽きた。で、己《おのれ》だけの狂気の世界を創《つく》ってきた。それに人生を感じ、ものの見方が変わってきた談志ファン、惚《ほ》れた若い女性たち、申し訳ないがサヨナラである。もう立川談志に狂気の連続、進歩、発見はない。老いたからか。違う。活力がないのだ。待てよ、それを〝老いた〟というのか。

どうでもいい。〝僕、疲れた〟である。

それで充分じゃないですか、家元。家元が昔、志《し》ん生師匠《しよう》に〝生きていてくれればいい〟と言ったじゃないですか。高座の幕があくと炬燵《こたつ》に志ん生が入っている。それだけ、唯《ただ》それだけで幕が下りる。これで充分ですよ。

若い談志が志ん生に言ったことを、現在《いま》は私が言われている。

過日、勘三郎《かんざぶろう》が、それを言う。ちなみに家元、歌舞伎を知らない。演題も役者も、である。勘三郎と染五郎《そめごろう》、この二人しか知らない。この二人が贔屓《ひいき》、とでもいうか。

で、勘三郎が言う。

「師匠、辞《や》めちゃ駄目だよ。居てくださいよ。お願いしますよ」

と何遍《なんべん》も〳〵、酒場で相手をしながら。最後は勘三郎の家まで連れていかれて、久《く》里子邸《りこてい》で姉弟から言われたっけ。

ファンに会えば、百人が百人そう言う。けど、もつかネ。

結果は、自己嫌悪にかられながら落語家人生をズル〳〵と送るのだろう。

嫌《いや》だ〳〵、そして怖い。

立川談志

二〇〇九年九月

解説　これからの談志師匠

サンキュータツオ

現在、この文庫を手に取って読む人のなかには、生前の談志師匠を生で聴いたことがないという人がいるかもしれません。あるいは、私のように60代から70代の談志師匠の高座を聴いて、少しずつ師匠の通ってきた道を遡っている人も多いかもしれないので、本書の味わいを説明する前に、本書の位置づけを明確にしておきたいと思います。

落語立川流の創設者であり「家元」と呼ばれる立川談志師匠は、１９３６年生まれ。幼少期に戦争を経験し、終戦後すぐに言うことが変わった大人たちを見て、自分で考え自分で生きるということを強く意識したそうです。16歳で五代目柳家小さん師匠（のちの人間国宝）に入門、27歳で真打昇進、立川談志を襲名します。これは落語界では相当早い昇進で、当時の談志師匠を知る人たちはみな口を揃えて抜群にうまかったといいます。が、後から落語家になった後輩の古今亭志ん朝、三遊亭圓楽といった人たちよりも諸事情で昇進が遅れたことが、談志師匠の負けじ魂に火をつけたことは想像に難くないです。このことは、のちの真打昇進基準をめぐる騒動や、落語界全体に対する問題意識にも繋がっている出来事だと思われます。

29歳で『現代落語論』を上梓、このままでは落語は能とおなじように、大衆からどんどん離れていってしまう芸能になるという危機意識を表明し、そして落語とはなにかといった定義を試みました。こんなことを書く落語家は当時もいなかったし、20代でこの問題意識をもち表現できる人は現在もいません。ただの評論家ではないのです、抜群に落語がうまく敵なしと言われた人がこれを残したのです。一流のプレイヤーであり一流の評論家、これは立川談志という人物を考えるうえでとても重要なポイントです（このため自己分析を先鋭化させ、自分の内面を落語のように語る自己分裂のようなこともできちゃいます。本書もそういう味わいがありますよね）。

『現代落語論』に影響を受けていない落語家は、現在ではほとんどいないと言っていいです。落語はこの一冊のおかげで、それ以前とそれ以降に分けられるほどです。ちなみに、この当時の師匠の音源が残っていますが、プレイヤーとしての技術は現在の同年代と比べても比較にならないほど高いです。というか、超絶技巧の域です。もし当時私が談志師匠を聴いていたら、このままどう老けていくのか想像できなかったと思います。そして、万能感に満ち溢れた高座に触れ、当時の人たちとおなじように熱狂したことでしょう。教養、センス、技術、解釈、どれをとっても絶品です。現在、立川流の高弟たちは、ほぼこの時代の談志師匠の熱にあてられた人たちといってもいいのではないでしょうか。それほどに新時代を象徴する存在だったといえましょう。お客さんもきっと、このまま立川談志という物語に死ぬまで付き合う、そう思ったにちがいありません。

１９８３年、真打昇進試験をキッカケに、昇進の基準を巡って師・小さんをはじめ落語協会と対立、弟子一同を引き連れて脱退、落語立川流を創設、家元となりました。立川と名のつく人たちが寄席に出られなくなった契機です。そしてその2年後の85年、『あなたも落語家になれる『現代落語論』其二』を出版しました。

真打昇進の2年後の『現代落語論』、立川流創設の2年後の『現代落語論其二』、だいたい大きな出来事のあとにすぐに執筆に入っていたことがわかります。

『現代落語論其二』では、どの芸能にも存在する「忠臣蔵」がなぜ落語に存在しないのか、ということを例にとり、落語の主人公たちは討ち入りに参加した人たちではなく、討ち入りメンバーに残らなかった情けない人たちなんだということを主張します。「ある」ものからなにかを言うのではなく「ない」ものを見つけて論じるということは、学者的執念といいましょうか、ずっとそのことを考えていらしたことがうかがえます。

そしてこの本では「落語とは業の肯定である」と、落語史上はじめて落語の本質を定義しました。

その後も「落語とは非常識の肯定」「落語とはイリュージョンである」と、定義をバージョンアップし続けました。そう、談志師匠のすごいところは、芸も哲学もバージョンアップする、ということです。これは人としては非常に自然なことなのですが、「前言ってたのからもう変わったの⁉」と受け取る人や、「結局なにが言いたいのかわからない」という人にはわかりづらかったかもしれません。談志師匠という人は、一回の高座や一冊の本という「点」でのみ味わっていてはまったく理解できない人です。というか、「点」で理解できてたまるか、というほど巨大な存在です。キャリアを通して「線」で見ていかないといけません。だって、極端な話をすれば、前にやった「芝浜」と今回やった「芝浜」が全然違う人だからです。「やかん」も「権助提灯」も「天災」も、すべての高座がマイナーなバージョンアップから大幅なバージョンアップを経て、「その時の立川談志」の頭脳と体力にあった形にチューンし続けていました。そのプロセスこそエンタメにする、そういう魅せ方をしてきた人なのです。それに、毎度おなじことをやっていたら自分でも飽きちゃうし、自分で飽きてたらそれがお客さんに伝わってお客さんも楽しくない、ってことで、どんどん自分を追い込んで高みを目指さざるを得ない状況を作っていったんだと思います。いま、自分がなにを考えているか、それをすべて高座でもさらけ出していました。なので、晩年の高座はどれも、談志師匠のバージョンアップの頂点であり（体力とも相談した結果の）、それだけを味わってしまうのは文脈を理解していないのと同じです。

もちろん、師匠も芸人ですから、すべての発言が理路整然と矛盾なく整理できるものではありません。本書でも八代目桂文楽師匠、あるいは自身の師匠である五代目柳家小さん師匠に関する評価を巡って、ああだこうだと矛盾しているかのような思考のプロセスをすべて出しています。ただ、「その時心からそう思っているからそう言った」という点で誠実で楽しい。だけれど、ここところで矛盾している、とか、そういう了見で読んではいけません。脇道にもそれまくり、何度話を戻しているか。ですが、こうした「脇道」も談志師匠の文章の魅力です。談志師匠の幻想的な、あるいはフランスヌーボーロマン的な意識の流れを楽しむ文章の数々も、もっと評価される時代がくると思います。

さて、『現代落語論』そして『現代落語論其二』ときて、談志師匠は立川流創設後も数々の偉大な才能を育て上げました。志の輔師匠、談春師匠、志らく師匠は本書でも登場する名前ですが、脱退前の文字助師匠、里う馬師匠、左談次師匠、談四楼師匠、ぜん馬師匠、龍志師匠、脱退後すぐに真打昇進したブラック師匠や談之助師匠、談幸師匠、さらにそのあとに続く文都師匠、生志師匠、雲水師匠、志遊師匠、談慶師匠、談笑師匠……と枚挙に暇がありません。いまも孫弟子たちがどんどんと頭角を現しつつあります。理論と実践、その両輪がしっかりと揃っているからこそ、これだけ優秀なお弟子さんたちが育ったのだと思います。思考をきちんと活字化できるということは再現できることを意味し、再現できることは教育できることを意味しています。残されたお弟子さんたちが、その証明です。

また、寄席時代から育てたお弟子さんと、立川流創設後に育てたお弟子さんたち、入門した時期によってもだいぶ「立川談志観」がちがうので、お弟子さんたちの本を読み比べるのもオススメです。立川談志の欠片を集める旅もおもしろいです。

ところが97年に食道がんになって以降、60代以降の談志師匠は病との闘いでした。落語家の命ともいえる喉も患い、同時に忍び寄る「老い」とも闘い、常に「老人初心者」と自称していた談志師匠。2008年には喉頭がんになり、晩年期にさしかかります。やりたいイメージがあっても、それを肉体で表現することができない。伝えたいこともあるけど、なかなか伝わらない。そういう時期に出版されたのが本書『談志最後の落語論』です。

存命中に「最後の」なんて、まるで遺言のような寂しいこと言ってくれるなよォというのが出版当時の雰囲気でしたが、それにしても著作の多い師匠ですから、タイトルのインパクトすごいね、とだけ受け止めていた人もかなりいました。

つづいて、この本の味わいについて述べようと思います。

この本が出版されてまず注目されたのが「江戸の風」というキーワードでした。

〈寄席という、独特の空間で、昔からある作品を江戸っ子の了見で演る。己のギャグ、自我、反社会的なこと、それらを江戸の風の中で演じる。非常に抽象的だが、そうとしか言えない。「江戸」という〝風〟〝匂い〟の中で演じるということだ。〉

「了見」という言葉は、新明解国語辞典第七版では「どう対処するかについての、個人の考え。」とあり、岩波国語辞典第七版では「思いをめぐらすこと。考え。」とあります。江戸っ子は世界をどう見ていたか。それが落語から伝わらなければならないということです。

落語で扱われているテーマであるとか、本質であるとか、噺の分析、解体はできるですが、「世界の見え方」をどう伝えればいいのか。大勢の弟子を育てながら、寄席という空間で育っていない人たちに、これをどう理解させればいいのか。こういった問題意識の発露が本書で行われていると思います。ハートの問題ですよね。

本書で表現されていることとは、「俺は落語のここが好きだ!」「このフレーズが最高だろ?」「これだよこれ!」という、落語への愛の告白です。この「愛」を共有させるために、記憶のデータベースからあらゆる例を駆使して、何度も何度も価値観を共有させようとしてくれている、というのが私の考えです。音楽ならば、曲を聴いたとき、「ここのギター最高だろ?」「ここ、このフレーズのためにこの曲はある!」「この曲をこういう環境で聴くもんなんだよ」と。ひたすら例示することでしか、このハートは伝えられません。ロックスターが、自然に「ベイベー!」と言う空間そのものがロックであると同様、落語家がしゃべったらそこに「江戸の風」を自然に感じさせるんだ、と。私はそう解釈しています。

〈「文明」とは、その時代々々の最先端であり、より速く、より多くを求めるもので、それに取り残されたモノに光を当てたものを「文化」と称う。文明は、文化を守る義務がある。〉

〈伝統とは何か。それは「時間」である。〉

時間を戻すことはできません。しかし、その時間に生きた人たちを「落語リアリズム」で再現することで、せめて「こういう生き方、いいなあ」「こういう世界の見え方、いいなあ」と感じてもらうこと。これは、決してノスタルジーではありません。硬い言い方をすると哲学、美学の提言なんです。

〈「何?　お父っつぁんが死ぬ?　よォん、よォん」〉

〈金で解決している品の悪い奴を笑っているのが落語というこった。〉

決して上段に構えず、だれもが共感できる形で、恥じらいながら、照れながら、落語は静かに「こういう生き方、いいよね」とささやいてくれる。本書でも幾度となく引用される三木助、文楽、志ん生といった名人たちのフレーズ。その一瞬のために、この噺はあるのだと。底ぬけにくだらない、それでいて美しい。それが落語の「品」なのだと。

とはいえ、本書の魅力は「江戸の風」以外にもたくさんあります。

たとえば、笑いの種類の「談志流」の分解です。道化、ナンセンス、ウィット、ジョーク、馬鹿、ユーモア。笑いの類別書としても読める普遍的な要素があります。ですが、談志師匠が、なぜこのような分類をしたかというとそれは「イリュージョン」の説明をするためです。

「イリュージョン」は、落語のハートと同様、談志師匠が生涯にわたって説明をあの手この手で試みた要素です。私の教え子で、談志研究をしている重藤くんによると、この言葉の初出は一九八六年の『家元談志のオトコ対決八番』（ＡＢＣ出版）だそうですが、この談志師匠のイリュージョンの解釈は、お弟子さんたち、そしてお客さんたちの間でも揺れ動いています。この本でも、「初期イリュージョン」といった言葉が出てくるように、談志師匠のなかでも解釈や説明がアップデートされていることがわかります。

〈ディズニーのファンタジー映画のようなもの、とも言える。きらびやかな光線が空のあっちこっちから射してきて、二本の光線が交差する、その交差した点こそ、イリュージョンである。その、交差した瞬間、一致した瞬間が〝堪らない〟。〉

なんというおもしろい説明だろう！　ナンセンスでも、シュールでもない「イリュージョン」。イリュージョンを体得する必須条件は、落語リアリズムの体得であるとも述べています。このあたり、私が芸人としてももっとも興奮する部分です。

〈「夕立ちやセントヘルムの灯が近い」
「谷底に響け我らのクリスマス」
「抱いて眠る釣り竿二本夕涼み」〉

なんだこの謎の可笑しさは！　最高じゃないか！　底知れない。その底知れなさまで再現・生成可能な領域に踏み込んだのが談志師匠なのです！

立川談志という落語家を、突然変異の異色な落語家と位置付ける向きもあるかもしれませんが、それは間違いです。それは、談志師匠が本書で再三引用する三語楼、権太楼、志ん生といった人たちの例を見ればよくわかります。落語リアリズムをつきつめると、これ面白いってなるよね、という歴史的位置づけを行ってくれているからです。本寸法《ほんすんぽう》の落語と、それを崩す落語。価値観がこうしたものに収束するなかで、本寸法を突き詰めるとホントはこうなるんだと、落語のハートそのものを伝えようとしてくれています。

これは、これからの落語シーンでも必ず活きてくる記述です。コントや漫才の笑いが進化し、笑わせることが目的化し先鋭化した現在、それらにないハートが落語にはあると、声高に主張してくれているのです。まだ、名前のついていなかったこれらの「ハート」を「イリュージョン」と名付けて落語のアイデンティティにまで昇華してくれたのだと、私は思っています。

「岡惚れ」も、なんなら「片想い」も共有できる感覚ではなくなってきているかもしれない現代。時間が経てば経つほど、落語のハートを伝えるのは困難になってきているかもしれません。時代によって常識も変わります。ですが、落語の「非常識」のほうはどの時代でも不変です。それを、なんとか落語家の力で、それを現代に伝えようというのが談志師匠の試みであり、落語最大のアイデンティティです。

落語のなかには、与太郎や八っつあん熊さん以外にも、名前もない人物がたくさん登場します。「うどん屋」の、血の繋がっていない娘さんの結婚を心底喜ぶ酔っ払い。「かぼちゃ屋」で、かぼちゃを売るのを手伝ってくれる通りすがりの人。「中村仲蔵」の、新演出を絶賛する市井の人々。「抜け雀」の、最初に宿泊してくれる近所の人たち。

落語は美しい。落語は楽しい。

ってこんなこと言ったら野暮なんですけど、笑いの最短距離に慣れた現代の人たちに、談志師匠は声が出なくなってもなお、なんとかしてこのことを届けようとした。それが、この本を含む最後の三部作なのだと思います。ひとりの男がストイックに人生を落語に捧げた人体実験の最終章。

『現代落語論』から半世紀以上が経ちました。それでも談志師匠の言葉はいまなお新しい発見に満ちています。立川談志は、これからの存在でもあるのです。

立川談志の人工知能、欲しいなあ。

本文写真提供
田島謹之助
談志役場

＊本書は、差別表現として今日では好ましくないとされる、職業に関する、また身体障害に関する用語を使用しています。しかし、古典落語という演芸の価値と性質、著者の独自性と故人であることを鑑み、一部、削除や訂正は行いませんでした。（編集部）

＊本書は二〇〇九年十一月、梧桐書院より刊行された。

びんぼう自慢 古今亭志ん生／小島貞二編・解説
「貧乏はするものじゃありません。味わうものですな」その生き方が落語そのものと言われた志ん生が自らの人生を語り尽くす名著の復活。

なめくじ艦隊 古今亭志ん生
〝空襲から逃れたい〟、〝向こうには酒がいっぱいある〟という理由で満州行きを決意。存分に自我を発揮して自由に生きた落語家の半生。（矢野誠一）

志ん生の噺（全5巻） 古今亭志ん生／小島貞二編
その生き方すべてが「落語」と言われた志ん生の幅広い芸を滑稽、人情、艶などのテーマ別に贈る、読む「志ん生落語」の決定版。

志ん朝の風流入門 古今亭志ん朝／齋藤明
失われつつある日本の風流な言葉を、小唄端唄、和歌俳句、芝居や物語から選び抜き、古今亭志ん朝の粋な語りに乗せてお贈りする。（浜美雪）

一芸一談 桂米朝
桂米朝と上方芸能を担った第一人者との対談集。藤山寛美、京山幸枝若、岡本文弥、吉本興業元会長・林正之助ほか。語り下ろしあとがき付。

上方落語
桂米朝コレクション（全8巻） 桂米朝
人間国宝・桂米朝の噺をテーマ別に編集する。端正で上品な語り口、多彩な持ちネタで、今日の上方落語隆盛をもたらした大看板の魅力を集成。

らくごDE枝雀 桂枝雀
桂枝雀が落語の魅力と笑いのヒミツをおもしろおかしく解きあかす本。持ちネタ五選と対談で、「笑いの正体」が見えてくる。（上岡龍太郎）

桂枝雀のらくご案内 桂枝雀
上方落語の人気者が愛する持ちネタ厳選60を紹介。噺の聞かせどころや想い出話をまじえて楽しく落語の世界を案内する。（イーデス・ハンソン）

上方落語
桂枝雀爆笑コレクション（全5巻） 桂枝雀
人気衰えぬ上方落語の爆笑王の魅力を、速記と写真で再現。「スビバセンね」「ふしぎななあ」などテーマ別全5巻、計62演題。各話に解題を付す。

落語家論 柳家小三治
この世界に足を踏み入れて日の浅い、若い噺家に向けて二十年以上前に書いたもので、これは、あの頃の私の心意気でもあります。（小沢昭一）

日々談笑　小沢昭一

話芸の達人の、芸が詰まった一冊。柳家小三治と佐渡の芸能話、網野善彦と陰陽師や猿芝居の話、清川虹子と喜劇話……多士済々17人との対談集。

桂吉坊がきく　藝　桂吉坊

上方落語の俊英が聞きだした名人芸の秘密。若手の思いに応えてくれた名人は、立川談志、市川團十郎、小沢昭一、喜味こいし、桂米朝、他全十人。

落語こてんパン　柳家喬太郎

現在、最も人気の高い演者の一人として活躍する著者が、愛する古典落語についてつづったエピソード満載のエッセイ集。巻末対談＝北村薫

カメラを持った前座さん　橘蓮二写真・文

上野・鈴本の楽屋で撮影を始めて十八年。信頼を得た撮影者だけが見ることができた演者の個性。興味深いエピソードと最新の写真を収録する写文集。

落語を聴かなくても人生は生きられる　松本尚久編

落語家が名人芸だけをやっていればよかった時代は去った。時代と社会を視野に入れた他者の視線を通じて落語の現在を読み解くアンソロジー。

落語百選（春夏秋冬）（全4巻）　麻生芳伸編

春は花見、夏の舟遊び……落語百作品を四季に分け、詳しい解説とともに読みながら楽しむ落語入門の代表的ロングセラー・シリーズ。

この世は落語　中野翠

ヒトの愚かさのいろいろを呑気に受けとめ笑ってしまう。そんな落語の魅力を30年来のファンである著者が、イラスト入りで語り尽くす最良の入門書。

吉原はこんな所でございました　福田利子

三歳で吉原・松葉屋の養女になった少女の半生を通して語られる、遊廓「吉原」の情緒と華やぎ、そして盛衰の記録。（阿木翁助　猿若清三郎）

絵本・落語長屋　落合登　西川清之

一〇八話の落語のエッセンスを、絵と随想でつづった「落語長屋」。江戸っ子言葉をまじえた軽妙洒脱な文章と、絵とで紹介する。（中野翠）

滝田ゆう落語劇場（全）　滝田ゆう

下町風俗を描いてピカ一の滝田ゆうが意欲満々取り組んだ古典落語の世界。作品はおなじみ「富久」「芝浜」「死神」「青菜」「付け馬」など三十席収録。

ちくま文庫

談志《だんし》 最後《さいご》の落語《らくご》論《ろん》

二〇一八年十月十日 第一刷発行

著 者 立川談志（たてかわ・だんし）

発行者 喜入冬子

発行所 株式会社 筑摩書房
東京都台東区蔵前二―五―三 〒一一一―八七五五
電話番号 〇三―五六八七―二六〇一（代表）

装幀者 安野光雅

印刷所 株式会社精興社

製本所 株式会社積信堂

ISBN978-4-480-43544-6 C0176